KAMPENWAND
VERLAG

ISBN: 978-3-98660-056-3

Versand & Vertrieb durch Nova MD GmbH
www.novamd.de · bestellung@novamd.de · +49 (0) 861 166 17 27

Text: Kerstin Elisabeth Riemer
Bilder: Carina Pilz
Illustrationen: Anna Gnadl

Druck:
Printed in Czech Republic
FINIDR, s.r.o. · Lípová 1965 · 737 01 Český Těšín

KERSTIN RIEMER & CARINA PILZ

Almfrieden

A G'spür für d'Natur, de Leid,
de Viecha und mi

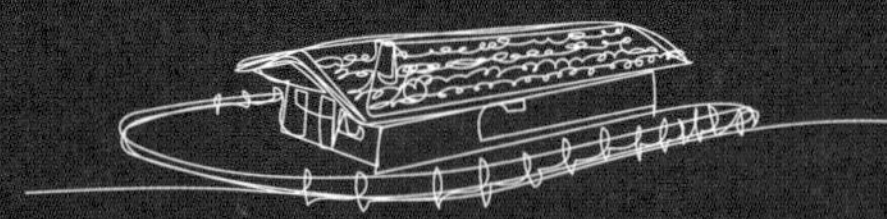

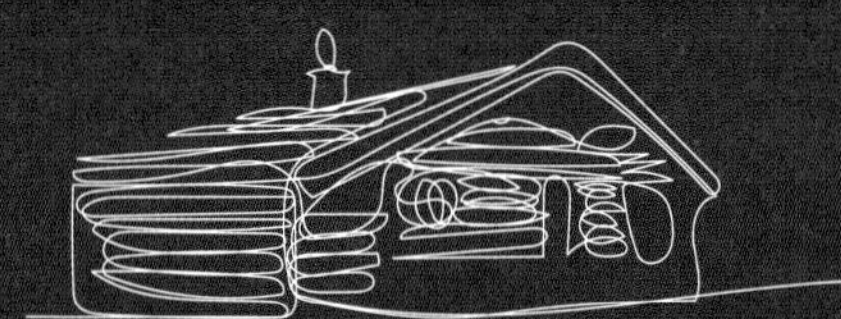

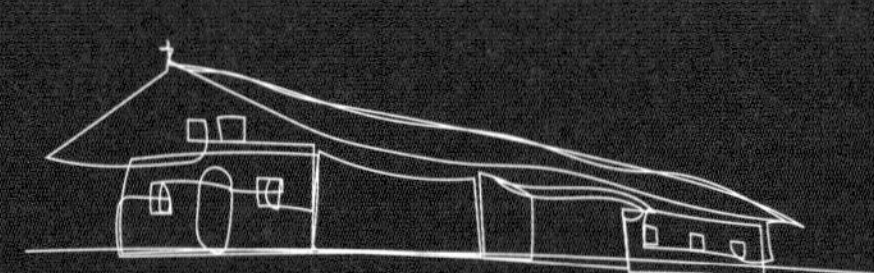

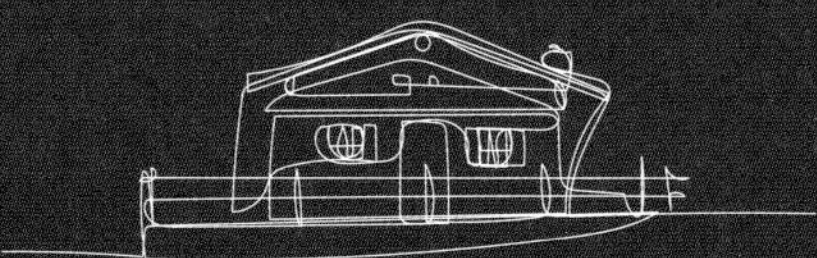

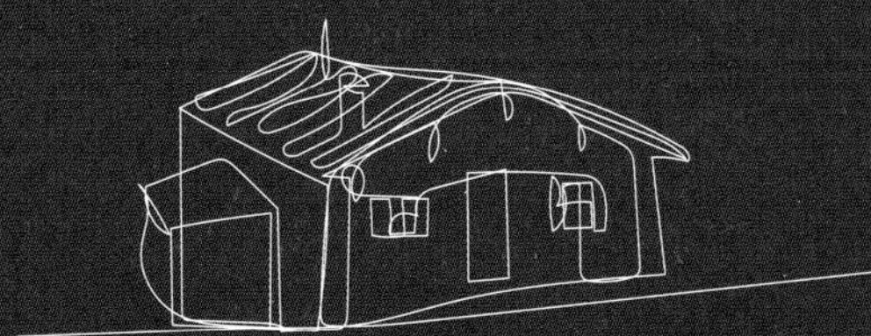

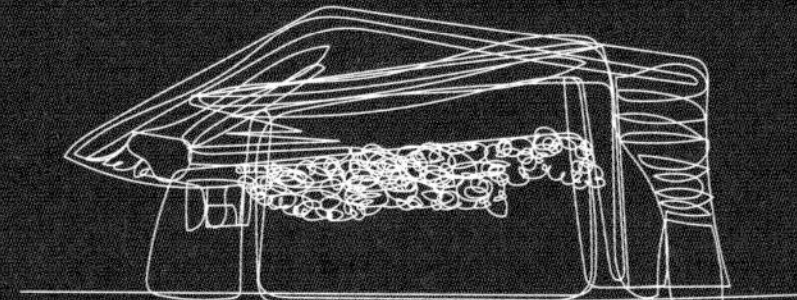

ALMER

IEDEN

Die Chiemgauer Alpen

Sanft geschwungene Almwiesen, kühle Bergwälder und felsige Gipfel – im Südosten Bayerns ragen die Chiemgauer Alpen empor. Einst hat sich die Gebirgsgruppe der Nördlichen Kalkalpen vor Millionen Jahren aus einem Meer erhoben. Ihren heutigen Schliff erhielten die Chiemgauer Alpen vor etwa 15 000 Jahren. Auf ihrem Rückzug formten die Gletscher der letzten Eiszeit den Chiemgau und seine Berge. Entstanden ist eine hügelige Landschaft: blühende Wiesen, ruhige Wälder, mystische Moore, tiefblaue Seen und mächtige Berge. Fast 2 000 Meter ragen Gipfel wie Sonntagshorn, Geigelstein, Hochgern, Hochfelln und Kampenwand in den weißblauen Himmel. Einige Ausläufer der Chiemgauer Alpen reichen bis in die österreichischen Bundesländer Salzburg und Tirol. Im Süden ziehen die Zentralalpen die Blicke auf sich. Im Norden schweift der Blick von den Gipfeln über das bayerische Voralpenland, der Chiemsee zu Füßen.

Gams, Alpensalamander und Edelweiß: Die Alpen faszinieren mit ihrer eindrucksvollen Artenvielfalt. Rund 30 000 Tier- und 13 000 Pflanzenarten leben inmitten dieser einzigartigen Natur. Die enorme Vielfalt ist den unterschiedlichen Lebensräumen zu verdanken. Über Tausende von Jahren haben sich die Tiere und Pflanzen der Alpen perfekt an ihre Umgebung angepasst. Viele der Spezialisten sind einzigartig: Sie kommen nur in dieser Region vor.

Im Laufe der Jahrhunderte ist in den Chiemgauer Alpen nicht nur eine einzigartige Natur-, sondern auch Kulturlandschaft entstanden. Die Berglandwirtschaft mit ihren Almen zählt zu den ältesten Kulturlandschaften in Bayern. Erste Almen entstanden im Alpenraum vor mehr als 5 000 Jahren. Einst wurden sie aus der Not heraus geboren. Die landwirtschaftliche Fläche in den engen Tälern ist begrenzt. Auf der Alm sind die Tiere im Sommer gut versorgt während die Felder im Tal für den Wintervorrat sorgen. Die Beweidung der alpinen Flächen verwandelte die wilde, unberührte Natur in eine vom Menschen geformte Kulturlandschaft. Auch heute noch prägt die Chiemgauer Alpen ein Miteinander von Mensch und Natur. Doch die Alpen, als einer der letzten großflächigen Natur- und Kulturlandschaften Europas, stehen zunehmend unter Belastung und die über Jahrhunderte gewachsene Almwirtschaft steht am Scheideweg: Nutzungsaufgabe oder Intensivierung?

Nicht nur die Natur, sondern auch die Almen im Alpenraum haben viele Gesichter. Von Zeit und Wetter gezeichnete, verschwiegene Almhütten stehen in Kontrast zu fast schon luxuriösen Berghütten, die mit zeitgenössischem alpinen Design beeindrucken. Doch auf dem Großteil der Chiemgauer Almen ist das Leben noch immer wie vor Jahrhunderten. Die Tage vergehen im Einklang mit der Natur, im Rhythmus der Jahreszeiten. Das Leben in den Bergen ist hart und entbehrungsreich, abgeschieden und den Kräften der Natur ausgeliefert. Und dennoch träumen viele vom Sehnsuchtsort Alm. Einem Ort, an dem das einfache Leben spielt, einem Ort voller Entschleunigung, einem Ort für eine Auszeit vom Alltag der digitalen Welt. Denn trotz allem modernen Luxus ist die Einfachheit, die Nähe zur Natur der allergrößte Reichtum.

Der Almsommer beginnt

VORDERE DALSENALM

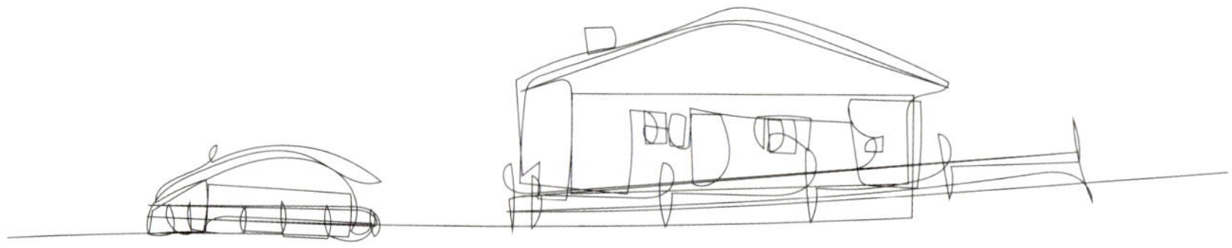

Stockfinster ist es. Nur das Licht der Taschenlampen durchbricht das Dunkel der Nacht und läutet den Beginn eines aufregenden Tages ein. Gemeinsam mit seinen Treibern sucht Simon in der Morgendämmerung die Talweide nach den Tieren ab. Langsam wird es heller, immer mehr Kühe tauchen am Weidegatter auf. Ihre lauten blechernen Glocken schallen durch die klare Luft. Nach einer kleinen Weile sind schließlich alle beisammen. Es kann losgehen: hinauf auf die Alm.

Der Almsommer ist für Simon eine ganz große Leidenschaft. Schon als kleiner Bub hat er die ganzen Sommerferien oben verbracht – gemeinsam mit seinem Großcousin Otto, der die Alm für die Familie mehr als zwanzig Jahre als Senner bewirtschaftet hat. Eine Zeit, die Simon sehr geprägt hat. Noch heute haben die beiden eine ganz eigene Verbindung. „Von klein auf war ich immer mit dabei. Das mit der Alm, den Viechern, das ist für mich etwas Einmaliges. Das lässt sich gar nicht richtig in Worte fassen“, wagt Simon einen Erklärungsversuch. „Da oben, das ist, wie wenn du in eine andere Welt gehst. Du lebst dort so ungeheuer naturverbunden, bist unheimlich viel mit den Viechern beinander, bist einfach mal ab vom Schuss. Allein wenn ich mich vor die Hütte stelle, nach den Tieren rufe und die zu mir kommen, begleitet vom Läuten der Glocken, dieses Gefühl … das ist einzigartig.“ Der Almsommer ist für Simon die schönste Zeit im Jahr. Wer ihn trifft, spürt das sofort. „Natürlich gibt es da auch noch Weihnachten und Geburtstage“, lacht er, „aber der Almsommer, das ist einfach meins.“

Otto war es auch, der Simon mit den Bräuchen und Traditionen auf der Alm vertraut gemacht hat. Und zum Almauftrieb auf die Vordere Dalsenalm gehört eines unbedingt dazu: Glockengeläut. „Bei mir bekommt, wie beim Otto damals schon, jedes Vieh eine Glocke. Und das ist nicht irgendeine windige Wischlwaschl-Glocke, nein, das sind gescheite Glocken“, betont Simon. Von der Schweizer Schelle bis hin zur schönsten Speisglocken werden die Tiere für diesen besonderen Tag mit schwerem Geläut geschmückt. Jede einzelne Glocke wird geputzt, eingefettet, geschmiert – alles muss perfekt sitzen. Am Vortag des Almauftriebs bindet Simon dann jedem Tier seine ganz eigene Glocke um. Ein emotionaler Moment. „Dann wünsche ich dem Vieh einzeln Glück und alles Gute für den Almsommer, mache jeder ein Kreuz mit Weihwasser auf die Stirn und schicke sie wieder zurück auf die Weide.“ Am Abend dann ist die Vorfreude gewaltig, an entspannten Schlaf ist nicht zu denken. „Wir

GARMONT

gehen zwar erst um Fünfe in der Früh los, aber spätestens um Viere stehe ich im Bett wie eine Kerze – ohne Wecker", lacht Simon. „Da fetze ich durchs Haus und wecke alle auf vor lauter Aufregung und Glücksgefühle." Denn jetzt darf es endlich losgehen! Rund um die Alm sind die letzten Schneefelder geschmolzen, die Bergwiesen erblühen in frischem Grün und bieten ausreichend Futter. Schon seit Hunderten von Jahren werden in der Alpenregion die Tiere im Frühsommer vom Tal auf höher gelegene Weideflächen getrieben. Den Zeitpunkt des Auftriebs aber bestimmt nach wie vor die Natur.

Nach und nach trudeln die Treiber am Hof von Simons Eltern ein und stärken sich mit heißem Kaffee. „Wenn wir dann alle zum Auto gehen, einsteigen und zur Talweide fahren, dann werde ich richtig nervös", gibt Simon zu. Und plötzlich ist es so weit: „Wenn die Viecher beinand sind, wir über das Weiderost gehen und den Weg zur Alm antreten, dann ist das einfach pure Freude! Etwas Schöneres, das gibt es nicht." Die älteren Kühe wissen schon, was los ist, und gehen den Weg gemächlich an. Die jüngeren Tiere hingegen sind aufgeregt und machen Tempo. Den ganzen Trupp zusammenzuhalten, das ist die Aufgabe der Treiber. Über die Bundesstraße geht es zu Fuß von Raiten nach Mühlau. Dort ist das Gröbste geschafft. Nun führt der Forstweg am Lauf des rauschenden Dalsenbachs entlang immer weiter hinauf. Vorbei am Floderer, dem sagenumwobenen Wasserfall, bis zum weitläufigen Almgebiet zwischen Kampenwand und Weitlahnerkopf auf rund 946 Metern. Zwischen acht und neun Uhr morgens erreichen die Ersten das Ziel. Gut sieben Kilometer Fußmarsch haben Treiber und Tiere nun hinter sich. Schnell verteilen sich die Kühe rund um den Kaser und genießen das frische, kräuterreiche Gras, während Simon und seine Helfer ein leckeres Frühstück in der Almhütte genießen. Ein rundum gelungener Start. Nun hat sie endlich wieder begonnen, die besondere Zeit in den Bergen. Was für Simon am Almsommer eine so außergewöhnliche Faszination ausübt, ist der Kontrast in seinem Leben: „Wenn man mich beim Essengehen in einem Restaurant oder beim Feiern in einer Bar sieht, dann würde man wahrscheinlich niemals glauben, dass ich am nächsten Tag in der Arbeitshosen da oben auf der Alm stehe und mich um die Kälber kümmere", lacht er. Doch Tradition und Moderne müssen sich eben nicht ausschließen, sondern dürfen sich ergänzen. „Es ist toll, das man als Mensch, der mit der heutigen Zeit gerne mitgeht, an Trends interessiert ist und sich stetig weiterentwickelt, trotzdem an so etwas festhalten darf. Dass man weiß, wo man hingehört, weiß, wo man daheim ist und was im Leben wirklich wichtig ist."

Die Alm, das Leben mit der Natur, mit den Viechern, mit den Traditionen, das erdet. „Da kann an einem Tag noch so viel passieren, wenn du dann oben auf der Alm bist, dann ist es einfach gut. Da fällt jede Last ab. Da sitzt du vor der Hütten, schaust stur in die Welt hinein. Und dann gibt es diese besonderen Momente, da denkst du an nichts, da hast du einfach einen freien Geist. Und spätestens da weiß ich wieder: Genau hier, da ist mein Platz auf dieser Welt." Vollen Herzens freut sich Simon auf die kommende Zeit, auf den Sommer auf der Alm.

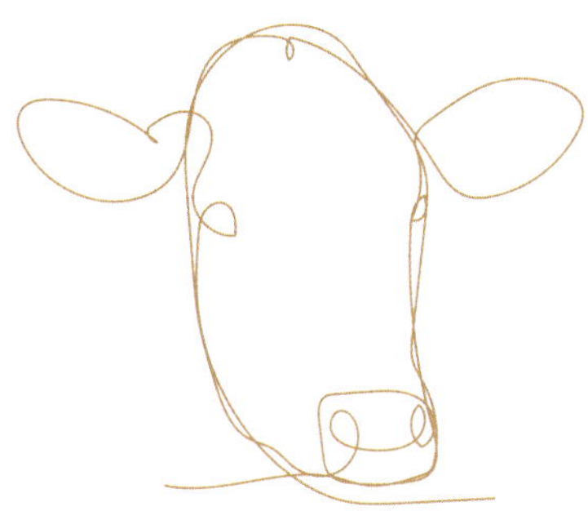

ALMAU

TRIEB

Rohrnudeln

Verführerisch duftende, luftige Buchteln

ZUTATEN:

650 g Mehl
30 g frische Butter
1/4 l Milch
2 Eier
80 g Butter
50 g Zucker
1/2 TL Salz
Abrieb einer Bio-Zitrone
60 g Butter zum Ausfetten der Form

ZUBEREITUNG:

Das Mehl in eine Schüssel sieben, in der Mitte eine kleine Vertiefung formen, die frische Hefe hinein bröckeln und mit der lauwarmen Milch auflösen. Die Mischung an einem warmen Ort etwa 15 Minuten gehen lassen.
In der Zwischenzeit die Butter schmelzen und mit dem Zucker, den Eiern sowie dem Salz vermengen. Nun alles zusammengeben und zu einem glatten, trockenen Teig kneten.
Den Teig erneut 15 Minuten gehen lassen.
Anschließend etwa 30 bis 40 Gramm schwere Stücke abstechen und zu Kugeln formen.
Die Kugeln locker in eine ausgefettete Form legen und weitere 15 Minuten gehen lassen.
Dann bei 180 °C (Umluft) für etwa 20 bis 25 Minuten goldbraun backen.

KULIN

ARIK

Alpine Kulinarik
Der Geschmack der Berge

Es gibt wohl nur wenige Orte, an denen eine Brotzeit so gut schmeckt wie auf der sonnigen Holzbank einer Almhütte inmitten der wundervollen Bergwelt. Bis heute hat sich die alpenländische Küche ihre Wurzeln bewahrt: ursprünglich, einfach, bodenständig. Auf den Tisch kommt das, was auf den Almwiesen, in den Bergwäldern, auf dem eigenen Hof und im Bauerngarten gedeiht. Zutaten aus der Natur. Regional. Saisonal. Auch wenn die traditionelle bayerische Alpenküche sich einst aus einem „Arme-Leute-Essen" entwickelt hat – eintönig ist sie deswegen noch lange nicht. Im Gegenteil: die Natur bietet eine enorme kulinarische Vielfalt. Und das Gute liegt oft im Genuss des Einfachen. Mit regionalen, von Hand gearbeiteten, hochwertigen Produkten wird aus einem schlichten Gericht schnell ein kulinarischer Hochgenuss.

Schmackhafter Bergkäse, würziger Speck und aromatische Berg- und Wiesenkräuter – in der almtypischen Küche verbinden sich Natur und Gaumenfreude zu einer wunderbaren Einheit. Zutaten wie Milch und Milchprodukte, haltbar gemachtes Fleisch, Eier, Getreide sowie heimisches Gemüse und Obst prägen die Rezepte. Sie werden zu köstlichen Knödeln und Mehlspeisen, Nudeln, Suppen und Eintöpfen verarbeitet. Deftige, aber auch süße Gerichte, die satt machen und Kraft geben für das abgeschiedene Leben hoch oben in den Bergen.

Eine traditionsreiche Spezialität der bayerischen Küche ist noch heute die Brotzeit. Ein kulinarisches Schmankerl, das zu fast jeder Tageszeit gegessen werden kann und auch auf den Chiemgauer Almen im Mittelpunkt steht. Mit hochwertigen – meist selbst hergestellten – Produkten und viel Liebe zubereitet, ist die Brotzeit ein Klassiker. Herrlich duftendes Bergbauernbrot, milde Almbutter, würziges Schmalz, köstlicher Almkäse, pikant gewürzter Obazda oder feiner Speck garniert mit frischen Almkräutern und Gemüse aus dem Bauerngarten. Brotzeit ist eben die schönste Zeit – besonders auf der Alm!

Blühender Enzian und ein großes Erbe

OBERAUERBRUNST ALM

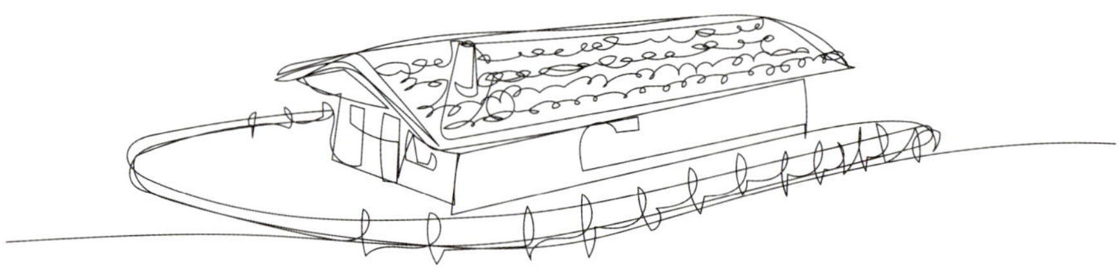

Schon früh im Jahr zieht es viele Wanderer hinauf zur Oberauerbrunst Alm. Die Weidefläche am Südhang der Chiemgauer Hochplatte verwandelt sich direkt zu Beginn des Almsommers im Mai in ein prächtiges Blütenmeer. Hunderte kleiner tiefblauer Alpenblumen schmücken dann die Almwiesen rund um die Alm. Es sind die Blüten des stängellosen Enzians, auch echter Alpenenzian genannt. Die Bergblume ist ein Frühblüher und läutet in den Chiemgauer Alpen den Frühling ein.

Mit der Enzianblüte startet auf der Oberauerbrunst Alm auch der Bergsommer. Bergbäuerin Erika und ihre Schwiegermutter verbringen dann wieder jedes Wochenende auf der Alm. Für sie ist es eine Freude, die Alm bewirtschaften zu dürfen. „Wir schätzen das, was viele Generationen vor uns mühsam geschaffen haben und tragen unseren Teil dazu bei, die Alm auch für die nächsten Generationen zu erhalten", erzählt Erika. Die Chiemgauer Almen sind ein Lebensraum, der über Jahrhunderte durch das Zusammenwirken von Mensch und Natur entstanden ist. Um Weideflächen zu schaffen, wurde das Gebiet rund um die Oberauerbrunst Alm – so vermutet man – einst gerodet und somit die natürliche Baumgrenze gesenkt. Durch die Almwirtschaft konnten sich in den Bergen artenreiche Wiesen entwickeln, die, sobald diese aufgegeben würde, wieder verwalden würden. Im Erhalt der Kulturlandschaft steckt viel Mühe und Arbeit. „Wir tragen die Verantwortung dafür, diesen besonderen Lebensraum zu bewahren und zu schützen", unterstreicht Erika. Auch wenn sie die vielen Wanderer, die an ihrer Alm Rast machen, gerne bewirtet, so beschäftigt Erika oft die fehlende Sensibilität mancher Berggeher im Umgang mit der Natur. Wanderer verlassen die gekennzeichneten Wege, Hunde baden in der Viehtränke, die Kühe werden zum Streichelzoo. Zum Glück ist die Mehrheit der Gäste vernünftig.

Die meisten Wanderer, die an der Oberauerbrunst Alm vorbeikommen, sind auf dem Weg zum Gipfel der 1 586 Meter hohen Hochplatte. Von Mühlau aus hat sie der Weg etwa eine Dreiviertelstunde durch den Bergwald hinauf geführt. Kurz vor der Alm lichten sich die Bäume und geben einen ersten Blick auf die Almfläche frei. Noch ein kleines Stück und schließlich steht sie vor einem: die bildschöne Oberauerbrunst Alm, die seit Jahrhunderten das Schlechinger Tal überblickt. Dass Hans, Erikas Mann, nicht nur Bergbauer, sondern auch Zimmerer ist, sieht man der Almhütte schon auf den ersten Blick an. Der Kaser

aus dem Jahr 1776 wurde 1994 von der Familie mit viel Liebe zum Detail renoviert und ist mit seinem traditionellen Schindeldach, den handgearbeiteten Sitzgelegenheiten und dem schönen Zaun rings um die Almhütte ein wahres Schmuckstück. Hinter der Alm erhebt sich ein traumhaftes Panorama: rechts Geigelstein und Breitenstein, dahinter der Wilde Kaiser sowie bei guter Sicht sogar die gletscherbedeckten Hohen Tauern mit dem Großvenediger. Ein wunderbarer Ort für eine Einkehr.

Begleitet vom stetigen Läuten der Kuhglocken der etwa 20 Jungrinder, die ihren ‚Sommerurlaub' auf der Oberauerbrunst Alm verbringen dürfen, versorgen die Damen die Wanderer mit köstlichen Brotzeiten. Hand in Hand arbeiten die beiden Generationen am alten Holzofen in der gemütlichen Stube zusammen. Mit einfachsten Mitteln wird hier Köstliches zubereitet. Besonders sind beispielsweise die Wiener vom eigenen Lamm, die unten im Tal auf dem Oberauer Hof hergestellt werden. Die kulinarische Spezialität der Alm sind jedoch die Almnussen. Das süße Schmalzgebäck hat in der bayerischen Küche eine lange Tradition. Früher wurde es von den Bergbäuerinnen speziell zur Zeit des Almabtriebs zubereitet. Heute kann man es auf der Oberauerbrunst Alm von Frühjahr bis Herbst jedes Wochenende genießen.

Almnussen

Traditionsreiches Schmalzgebäck

ZUTATEN:

- 250 g Mehl
- 110 g Topfen
- 80 g Zucker
- 1/2 Pck. Vanillezucker
- 3 Eier
- 1/2 Pck. Backpulver
- 1 Prise Salz
- Butterschmalz zum Ausbacken
- Puderzucker zum Bestäuben

ZUBEREITUNG:

Eier, Zucker, Vanillezucker, Salz sowie den Topfen schaumig schlagen.
Mehl und Backpulver hinzugeben und alles zu einem glatten Teig verrühren.
Den Teig kurz ruhen lassen. In der Zwischenzeit ausreichend Butterschmalz in einem Topf oder einer tiefen Pfanne erhitzen. Mit einem Esslöffel walnussgroße Teigknödel abstechen, in das heiße Butterschmalz setzen und einige Minuten ausbacken.
Die Almnussen müssen sich selbst umdrehen – zum einen sehen sie dann schön rund aus, zum anderen ist es das Zeichen, dass sie gleich fertig sind und mit einem Schaumlöffel abgeschöpft werden können.
Auf einem Küchentuch abtropfen lassen und vor dem Servieren mit Puderzucker bestäuben.

Die wilde Welt der Berge

Almkräuter

Durch ruhige Bergwälder und über blühende Almwiesen streifen. Schauen, fühlen und riechen, lauschen, staunen und innehalten. Die Kraft der Natur und die Verbundenheit mit den Elementen spüren. Die wilde Welt der Berge entdecken. Babette Györi ist Heil- und Wildkräuterpädagogin. Inmitten der Chiemgauer Alpen bietet sie geführte Bergkräutertouren an und lässt uraltes Wissen neu aufleben.

Wild, aromatisch und kraftvoll – das sind die Chiemgauer Alpen, wenn man sie mit den Augen von Babette entdeckt. Denn besonders in den Bergen, zwischen hohen Gipfeln und tiefen Tälern begegnet man einer enormen Vielfalt an Kräutern. Wilde Kräuter, die die Reinheit und Energie der Berge in sich tragen und in den intensivsten Farben leuchten. Sie sind reich an Nährstoffen, voller wunderbarer Aromen und einzigartig im Geschmack. Und sie sind einfach da, am Wegesrand, auf Wiesen, in Wäldern – direkt vor unserer Türe. „Das alte Kräuterwissen unserer Vorfahren ist nahezu in Vergessenheit geraten. Doch es lohnt sich, die Schätze der Natur wieder zu entdecken. Denn auch wenn viele von uns sie nicht mehr erkennen, die wilden Kräuter sind noch immer da", weiß Babette.

Die Natur, die Kräuter, die Berge – auch ihr Interesse daran war irgendwie schon immer da. „Als ich mit dem Selbststudium an meine Grenzen gestoßen bin, habe ich beschlossen eine Ausbildung zur Heil- und Wildkräuterpädagogin zu absolvieren – aber nur für mich." Dass es schließlich anders kam, war so nicht geplant. Heute hat die wilde Welt der Kräuter Babette vollkommen in ihren Bann gezogen. „Man ist einfach so viel mutiger, man weiß was man ausprobieren kann, lernt immer wieder neue Kräuter und Methoden kennen, kann sich voll ausleben." Dass sie mit ganzem Herzen dabei ist, spürt man.

Über Jahrtausende waren Wildpflanzen alltägliche Begleiter und fester Bestandteil des Lebens – als Nahrung, Kleidung, Werkzeug und Medizin. Das Sammeln zählt zu den ältesten Kulturgütern der Menschheit, doch kaum jemand zelebriert es noch. Dabei brauchen wir ein Leben im Einklang mit der Natur, im Rhythmus der Jahreszeiten mehr denn je. In unserem stressigen Alltag hat die Natur oft keinen Platz mehr, obwohl sie uns guttut. Viele haben das Vertrauen in ihre Intuition und ihre Urinstinkte verloren. Die Verbindung zur Natur ist jedoch noch immer tief in uns Menschen verankert. Sich wieder mit dem ursprünglichen Wesen zu verbinden, kann unglaublich bereichernd sein, man muss sich nur darauf einlassen. „Und wenn man die Türe zur wilden Welt einmal aufgemacht hat, dann geht die so schnell nicht wieder zu", fügt Babette lachend an.

Also rausgehen und die Kraft der Wildpflanzen entdecken – zum Beispiel bei einer Kräuterwanderung. Babette zeigt, wie man die wertvollen Pflanzen erkennt, erklärt, welche Eigenschaften sie haben, und verrät, wie man sie verarbeitet. Was sie antreibt? „Ich möchte das alte Wissen wieder aufleben lassen, weitergeben, denn die wilden Kräuter lassen sich ganz einfach in unser modernes Leben integrieren." Leider sind wir in manchen Dingen einfach bequem geworden. Wir können alles im Supermarkt um die Ecke kaufen. Oft landen dann exotische Samen aus fernen Ländern auf unserem Teller, obwohl da genauso heimische Wildpflanzen einen Platz haben könnten. Es ist an uns, neue Geschmäcker, Farben und Formen zu entdecken. Und dazu braucht es kaum mehr als offene Augen und eine große Portion Neugier. „Das Verrückte ist, dass so viele von uns die Sehnsucht nach Natur, nach Erleben und Entdecken spüren. Uns zieht es immer wieder nach draußen. Wir müssen nur lernen unseren Impulsen wieder zu folgen und unserem Bauchgefühl zu vertrauen." Es ist das Einfachste und zugleich Schönste der Welt. Es ist das größte Glück, rauszugehen, die Natur zu erkunden und dabei sein Körbchen mit wertvollen Kräutern zu füllen.

Wer die Natur um sich herum entdeckt, lüftet schnell die Geheimnisse heilender Kräfte und taucht ein in längst vergessene Geschichten. „Bei meinen Kräutertouren vergesse ich Raum und Zeit. Ich liebe es, diese Farben und Gerüche aufzunehmen, eins mit der Natur zu sein. Den kühlen Hauch der Bergluft im Gesicht, der süßliche Duft der wilden Blumen, der Tau, der in der Sonne glitzert. Man geht mit ganz anderen Augen durch die Welt, wacher, aufmerksamer, neugieriger." Früher waren wir alle Jäger und Sammler und noch immer besteht ein unsichtbares Band zwischen Mensch und Natur. „Es ist für mich eine wahnsinnige Bereicherung, wenn ich die Leute für die wilden Pflanzen begeistern kann, wenn ich erlebe, wie sie vollkommen in die

Natur eintauchen und so viel Neues entdecken. Diese Aha-Erlebnisse sind für mich wie ein Geschenk.“

Und nicht nur für uns ist die Wiederentdeckung der wilden Welt und des kraftvollen Grüns ein Vorteil: Auch die Natur profitiert. Denn was wir kennen und schätzen, das schützen wir nachhaltig. Und so werden unscheinbare Pflanzen am Wegesrand zu wertvollen Kostbarkeiten.

GIERSCH

Einmal da, breitet sich Giersch rasant aus – egal ob in der freien Natur oder im heimischen Garten. Bis zu drei Quadratmeter pro Jahr schafft die wilde Pflanze. Und weil man den Giersch nur schwer wieder los wird, kann man auch einfach das Beste daraus machen: leckere, gesunde Gerichte!

Erkennen & sammeln

Giersch sammelt man zwischen März und August. Der Frühlingsbote taucht gerne an lichten Waldrändern sowie an halbschattigen Wegrändern auf. Im Frühjahr trägt das Wildgemüse die nährstoffreichsten Blätter. Die werden am besten geerntet, wenn sie gelbgrün und glänzend sind. Schneidet man Giersch ab, so treibt er immer wieder aus und man kann ihn das ganze Jahr über frisch ernten. Beim Sammeln ist jedoch Vorsicht geboten: Giersch kann auch mit giftigen Vertretern der Doldenblütler, wie dem Kälberkropf, der Hundspetersilie oder dem Gefleckten Schierling, verwechselt werden. Beim Erkennen hilft die Bauernregel „Drei, drei, drei – bist beim Giersch dabei." Giersch hat einen dreieckigen Stängel mit jeweils drei mal drei Blättern. Die Blattanordnung ähnelt einem Ziegenfuß.

Inhaltsstoffe & Wirkung

Giersch enthält nicht nur sehr viel Vitamin C, sondern auch wertvolle Mineralien wie Kalium, Magnesium, Kalzium, Kupfer, Zink, Karotin, Kieselsäure und Eisen. Daher wirkt die wilde Pflanze perfekt gegen Frühjahrsmüdigkeit und allgemeine Trägheit. Giersch kann aber noch mehr: Er fördert den Stoffwechsel, entsäuert den Körper und wird traditionell gegen Rheuma, Arthritis, Hexenschuss und Gicht eingesetzt.

Verarbeiten & genießen

Giersch ist mit Doldenblütlern wie Dill oder Kümmel verwandt. Roh schmeckt er schön würzig nach Petersilie, Möhre und Sellerie. So passt er perfekt in Bulgur- oder Kichererbsensalate, Semmelknödel oder Kräutersuppen. Auch zu Kräuteröl, Kräuteressig und Kräutersalz lässt er sich wunderbar verarbeiten. Gekocht schmeckt das Wildgemüse wie Spinat. Egal wie man den Giersch zubereitet – verwendet werden am besten die jungen Blätter, da sie am mildesten im Geschmack sind.

BÄRLAUCH

Er ist das wohl geschmacksintensivste Wildkraut: der Bärlauch. Doch das wilde Lauchgewächs schmeckt nicht nur lecker, sondern vereint auch zahlreiche stärkende und entgiftende Inhaltsstoffe in sich. Was hingegen der Bär mit dem Bärlauch zu tun hat, ist nicht eindeutig geklärt. Ob sich aus dem Winterschlaf erwachte Bären damit stärkten, der Name auf die Bewunderung der kraftvollen Tiere zurückgeht oder es einen Zusammenhang mit dem Sternbild des großen Bären gibt, gilt es noch zu erforschen.

Erkennen & sammeln

Der Frühlingsbote Bärlauch lässt sich in Laub- und Mischwäldern entdecken. Das Wildkraut bevorzugt halbschattige Plätze und feuchte Böden. Bärlauch kann über viele Monate hinweg gesammelt werden, am aromatischsten sind die Blätter jedoch noch vor der Blüte, die ab Mai beginnt. Doch nicht nur die Blätter, sondern auch die geschlossenen Blütenknospen und die Zwiebeln sind essbar. Beim Ernten ist jedoch Vorsicht geboten! Bärlauch kann mit den giftigen Maiglöckchen sowie den Herbstzeitlosen verwechselt werden.

Inhaltsstoffe & Wirkung

Die ätherischen Öle des Bärlauchs fördern nicht nur die Verdauung und haben eine positive Wirkung auf den Darm, sondern stärken so auch das Immunsystem. Daneben enthält der wilde Knoblauch viel Vitamin C und Chlorophyll.

Verarbeiten & genießen

Bärlauch lässt sich mit seinem frischen, intensiven Knoblauchgeschmack in der Küche vielfältig einsetzen. Alle Teile der Wildpflanze sind essbar. Während die Blätter für Kräuterbutter, als Zugabe zu Rührei, für Suppen, Pesto oder Bärlauchsalz verwendet werden, machen sich die Samen prima im Salat. In Essig eingelegte Knospen werden zu schmackhaften „falschen Kapern“. Bärlauch sollte ganz frisch verzehrt werden.

ZUTATEN:

100 g frische Bärlauchblätter
250 g grobes Salz (oder je nach Bedarf)

ZUBEREITUNG:

Die Bärlauchblätter gut waschen und trocknen. Die Stilenden entfernen und die Blätter anschließend mit dem Mixer, Pürierstab oder Mörser zerkleinern. Nach und nach das Salz hinzufügen. Das Kräutersalz auf einem mit Backpapier ausgelegten Backblech ausbreiten und entweder im Backofen (Ober-/Unterhitze: 80 °C bzw. Umluft 60 °C) für mindestens zwei Stunden oder über mehrere Stunden an der (Heizungs-)Luft gut trocknen. Für ein gleichmäßiges Ergebnis das Salz ab und an umrühren. Das getrocknete Bärlauchsalz zerbröseln und in einem luftdichten Gefäß kühl und dunkel aufbewahren.

Bärlauchsalz

Würziges aus der Natur

Der erste Almsommer

JOCHBERGALM

Die Tage auf der Alm sind lang. Um 6:30 Uhr beginnt der Tag für Sennerin Theresa auf der Jochbergalm – und endet oft nicht vor 21 Uhr. Die kleine, zierliche Frau ist gerade einmal 21 Jahre alt. Mit dem Sommer auf der Alm hat sie sich für eine arbeits- und entbehrungsreiche Zeit entschieden. Die Landwirtschaft ist der gelernten Arzthelferin schon seit Kindertagen vertraut – und doch ist das Leben auf der Alm noch einmal etwas ganz anderes. Theresa lässt sich diesen Sommer bewusst darauf ein. Mit dem Wechsel der Arbeitsstelle hat sich die Auszeit in den Bergen angeboten. Einem Ort, den sie schon seit Kindheitstagen kennt und der für sie nicht nur Freiheit, sondern auch Ruhe und Zufriedenheit bedeutet.

Trotz ihres jungen Alters hat Theresa eine realistische Einschätzung vom Leben und Arbeiten auf der Alm. Klar, die ein oder andere Herausforderung gilt es zu meistern. Doch mit ihrer praktischen, unkomplizierten Art findet Theresa immer eine Lösung. Eine dieser Herausforderungen war am Anfang der Holzofen. Denn geheizt und gekocht wird auf der Jochbergalm wie zu Uromas Zeiten. „Vor allem beim Kuchenbacken muss man aufpassen. Da braucht man schon etwas, bis man herausgefunden hat, wie man die Scheitl nachlegen muss, wie oft man den Kuchen drehen muss und wie lange er drin bleibt. Es ist anders, aber machbar", stellt sie fest. Theresa hat schnell gelernt. Auf der Alm gibt die Natur den Rhythmus vor und es braucht etwas Zeit, um in diesen Takt zu kommen. Doch man lebt sich ein, findet seine Routinen.

Selbstbedienung
zum Essen: • Kuchen
• Kaas- oder Speckbrotzeit 8,50
• Gemischte Brotzeit (Kaas + Speck) 8,50
• Jochberg Brettl (f. 2 Personen) 17,—
4,50
zum Trinken:
• Bier, Radler 3,—
• Weißbier (alk.frei/leicht, Russn) 3,50
• Wasser, Spezi, Kracherl (Limo) 2,50
• Schorle (Apfel, Holler, Beere) 2,50
• Wein (rot/weiß) 0,2 l 3,50
• Weinschorle 0,2 o. 0,5 l 3,- / 5,—
• Kaffee, Tee 2,50
• Schnaps (Stamperl) 1,50
• Buttermilch 2,50
Zum Mit-nehma

Das fast schon monotone Läuten der Kuhglocken, das Vieh, das sich über die große Almfläche verteilt und je nach Sonnenstand seine Lieblingsplätze hat. Der Wind, der auf der Hochebene um die Almhütten pfeift. Bei frisch ankommenden Wanderern und Mountainbikern noch als angenehme Erfrischung empfunden, kann es auch schnell frisch werden hier oben am Jochberg. Vom Hausbankerl bleibt der schweifende Blick fast unweigerlich an der eindrucksvollen Hörndlwand hängen. Ein wundervoller Ort zum Leben und Arbeiten.

Die Jochbergalmen bestehen aus nunmehr drei Kasern – dem Oberwidholzkaser, dem Unterwidholzkaser sowie dem Mesnerkaser. Einst standen hier ganze zwölf Kaser, die jedoch nach und nach aufgelassen wurden. Dank der direkt benachbarten Almhütten ist Theresa in ihrem ersten Almsommer doch nicht so ganz allein hier oben in den Bergen. „Es ist schön, wenn noch jemand da ist. Man hilft sich, tauscht sich aus, verbringt die Schlecht-Wetter-Tage oder den Feierabend auch einmal gemeinsam."

Kaum Handy, kein Fernseher, der Medienkonsum ist auf das Radio beschränkt. Der Verzicht, der mit dem Leben in den Bergen einher geht, fällt Theresa nicht schwer. „Wir haben ja schon während der Pandemie verzichten lernen müssen. Auf d'Nacht liest man einfach mal ein Buch und manchmal ist es auch ganz schön, vom Weltgeschehen nichts mitzubekommen." Die kleinen, ursprünglichen Dinge sind es, die hier wieder an Wert gewinnen. Auf ihrem ersten Almsommer begleitet Theresa eine Wetterkerze von ihren Eltern, damit die Alm von Unwettern verschont bleibe. „Und geweihtes Salz für die Kühe, dass auch die alle gesund bleiben und gut wieder runter kommen. Man hat ja doch eine große Verantwortung." Mehr braucht es fast nicht.

Einmal die Woche geht es für Theresa ins Tal hinunter – Wäsche waschen, Besorgungen machen und wenn Zeit bleibt, noch kurz etwas unternehmen, das am Berg nicht möglich ist. Auch wenn sie im Gegensatz zu vielen alteingesessenen Sennern noch gerne ins Tal geht, hat auch sie schon festgestellt, dass das Leben auf der Alm einfach besonders ist: „Hier oben in den Bergen ist vieles noch so, wie es im Tal leider oft nicht mehr gelebt wird. Man hilft und unterstützt sich, vieles ist gelassener und unkomplizierter, man begegnet sich auf Augenhöhe und mit mehr Wertschätzung." Eigenschaften, die in der modernen, stressigen Gesellschaft immer mehr verloren gehen. Da versteht man es, wenn es viele hinauf in die Berge zieht. Zurück zum einfachen Leben, zurück zur Natur.

Vieh hüten, Schwenden, Käse herstellen, Gäste bewirten – wie wird man eigentlich Senner? Theresa hat sich über den Almwirtschaftlichen Verein beworben, der sich in Oberbayern um die Vermittlung von Almpersonal für die rund 770 Almen kümmert. Landwirtschaftliche Kenntnisse sind nicht unbedingt notwendig, aber von Vorteil. Daneben sollte man sich darüber im Klaren sein, dass es eine körperlich anstrengende Arbeit ist. „Man darf es sich nicht zu romantisch vorstellen", bestätigt Theresa. „Und man sollte es sich vorher gut überlegen und wissen, was man sich an Verantwortung zutraut." Die Möglichkeiten sind von Alm zu Alm ja doch sehr unterschiedlich. Neben Almen mit und ohne Milchwirtschaft gibt es bewirtschaftete Almen – je nach Typ unterscheiden sich nicht nur die Aufgaben der Sennleute, sondern auch die Anzahl des Almpersonals.

Auch wenn der Sommer auf der Alm eine anstrengende Zeit ist, die oft nicht besonders gut entlohnt wird, so kann er sehr erfüllend sein. Denn hier oben erlebt man Menschen, Natur, Wetter, Landschaft und Tiere hautnah – und erschafft mit seinen eigenen Händen wortwörtlich ein einzigartiges Erlebnis, das man nie vergessen wird. Auch Theresa ist sich sicher: „Rückblickend werden in der Erinnerung immer die schönen Momente überwiegen."

Biertopfen

Herzhafter Brotaufstrich

ZUTATEN:

- 250 g Camembert
- 50 g weiche Butter
- 3 EL saure Sahne
- 1 kleine Zwiebel
- 2–4 EL helles Bier
- 1 TL Paprika edelsüß
- 1/2 TL Kümmel
- Salz
- Schnittlauch zum Garnieren

ZUBEREITUNG:

Den Camembert mit einer Gabel zerdrücken.
Butter und saure Sahne untermischen.
Zwiebel fein hacken und dazugeben.
Nach und nach das Bier zugeben, bis eine streichfähige Creme entsteht.
Mit Paprika, Kümmel und Salz würzen und mit Schnittlauch garnieren.
Den Biertopfen auf einem köstlichen Bauernbrot genießen.

Der schönste Ort der Welt

Altes bewahren

KAITL-ALM

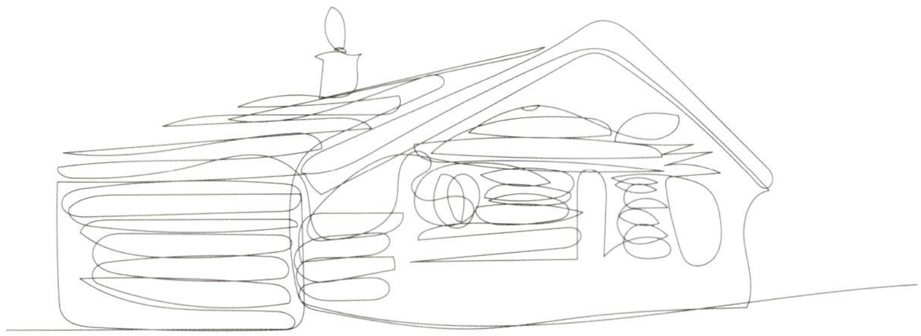

Ducken muss man sich, wenn man die Stuben der Kaitl-Alm am Fuß des Inzeller Kienberg westlich von Weißbach betritt. Die denkmalgeschützte Almhütte auf 970 Metern ist die älteste Alm Deutschlands. Viele Jahrzehnte war sie das Reich vom Kaitl-Sepp – einem echten Chiemgauer Original. Nach seinem Tod trat Tochter Gabi in die Fußstapfen ihres Vaters und übernahm die Bewirtschaftung der Alm. Für sie stand schnell fest: Wie schon ihre Großmutter und ihr Vater wird sie die Tradition der Almwirtschaft fortführen und die Kaitl- Alm so lange bewahren, bis die nächste Generation dazu bereit ist.

1290 wurde die Kaitl-Alm erstmals erwähnt. Noch heute zeugt ein Schild am Altkaser von der langen Geschichte: „Anno Domini 1290 verlieh das erzbischöfliche Domkapitel zu Salzburg dem Kaitlbauer die Alpe am Stein. In den Jahren 1594, 1749 und 1952 erfolgte durch die jeweiligen Besitzer des Kaitl-Hofes der Um- und Neubau dieser Alm.“

Jahrhunderte trotzte die Kaitl-Alm Sommer wie Winter dem unberechenbaren Wetter in den Bergen. Die hölzerne Blockhütte mit ihrem schindelgedeckten Dach erfüllt bis heute ihren ursprünglichen Zweck und beherbergt im Sommer junge Kühe.

Überhaupt hat sich nicht viel verändert: Lediglich das alte Schindeldach, das undicht war, wurde vor ein paar Jahren durch ein neues ersetzt. Heute wie damals liegen Lärchenholzschindeln auf dem Dach der Kaitl-Alm, die von langen Stangen und schweren Bruchsteinen zusammengehalten werden. Die alte Legschindel-Technik ist aufwendig, wegen ihrer Seltenheit aber besonders schützenswert. Das sieht auch der Bezirk Oberbayern so. 2021 wurde die Kaitl-Alm mit dem Oberbayerischen Denkmalpreis als vorbildlich saniertes denkmalgeschütztes Objekt ausgezeichnet. Einen historischen Schatz wie die Kaitl-Alm bewahren zu dürfen, ist für Gabi etwas ganz Besonderes. Voller Stolz nimmt sie sich dieser Aufgabe an. Das Gebäude-Ensemble aus Kaser und Wirtschaftsgebäude ist eines der selten gewordenen historischen Zeugnisse der Almwirtschaft und Sennerei, die seit Jahrhunderten den Alpenraum prägen. Sind sie nicht einem Neubau gewichen, sind alte Almen heute oft sich selbst überlassen. Doch es gibt auch Ausnahmen – so wie die Kaitl-Alm. Sie zeugt von einem Leben in den Bergen, das es so heute kaum mehr gibt. Ein Ort, an dem scheinbar die Zeit stillsteht.

Etwa 1594 ist der heutige Bau entstanden. Oft lässt sich bei solch alten Almen das ursprüngliche Datum nicht mehr genau bestimmen – zu viele Jahrhunderte sind seitdem vergangen. Hinzu kommt, dass sich jedes Gebäude zusammen mit den herrschenden sozialen und wirtschaftlichen Umständen verändert. Weil das Material mühsam auf den Berg geschafft werden musste, baute man Almen so rudimentär und klein wie möglich. Zweckbauten also, bevorzugt aus Materialien, die in der unmittelbaren Umgebung zu finden waren.

Die Kaitl-Alm wurde als Blockbau mit offenem Dachraum und offener Feuerstelle errichtet – einer einfachen Holzbauweise ohne senkrechte tragende Elemente, die bereits seit der Jungsteinzeit bekannt ist. Seit ihrer Erbauung wurden Nationen gegründet und lösten sich wieder auf, Kriege wüteten über den Kontinent, Amerika wurde entdeckt, die Dampfmaschine und das Internet erfunden – die Kaitl-Alm steht immer noch. Sie wirkt wie eine Mischung aus Freiluftmuseum und Postkartenmotiv, das zu einer Reise in die Vergangenheit einlädt. Im Inneren erzählen die mit Bildern geschmückten Wände Geschichten von einst. Hauptsächlich sind es die Geschichten vom Kaitl-Sepp, der bis vor wenigen Jahren hier jeden Besucher auf seine urige und eigenwillige Weise begrüßte. „Der Papa war ein rustikaler Typ. Manche haben es vertragen, andere nicht“, meint Gabi. Er war es, der der Alm über Jahrzehnte seinen Stempel aufgedrückt hat. Ein guter Gastgeber, der gerne das Leben gefeiert hat, aber auch ein zäher Mann mit einer bewegten Geschichte. So nahm er 1976 trotz körperlicher Einschränkungen aufgrund von Kinderlähmung an den Paralympischen Spielen im Ski Alpin teil. Später hat er auf seiner Alm sogar Fernsehstars und Persönlichkeiten aus Politik und Gesellschaft begrüßt. Spuren der Vergangenheit schmücken auch seinen Platz vor der alten Almhütte. Ganz abgewetzt und speckig ist sein Fleckerl auf der Hausbank von den vielen Almsommern heroben. Dort, wo nun ein Bild vom Kaitl-Sepp an ihn erinnert und tagein, tagaus eine Kerze brennt, ist heute auch der Lieblingsplatz von Gabi. Obwohl sie im Allgäu bei ihrer Mutter

aufgewachsen ist, bestand immer Kontakt zum Vater, immer eine Verbindung zur Heimat.

Heute lebt sie zu Ehren von ihrem Papa von Mai bis Oktober auf der alten Alm ein einfaches Leben im Rhythmus der Natur. „Ich brauche keinen Luxus, daheim nicht und hier heroben erst recht nicht", bestätigt sie. Das Schönste sei am Morgen, den Ofen einzuheizen, sich an den Tisch in der Stube zu setzen, dem Knistern des Holzes zu lauschen und aus dem Fenster zu schauen. Zu sehen, wie die Sonne aufgeht und die Viecher vor der Alm grasen. Und auch wenn es eine Gratwanderung ist, die Ursprünglichkeit der Alm zu bewahren und dennoch den modernen gastronomischen Anforderungen und Hygienevorschriften gerecht zu werden, möchte sie alles so halten, wie es ist. Die Tradition bewahren, die Stille der Alm und die Natur hier oben genießen, bis die Zeit gekommen ist, dieses wunderbare Erbe an die nächste Generation weiterzugeben.

Sonntagshorn

Es ist der höchste Gipfel der Chiemgauer Alpen: das Sonntagshorn. Mit seinen 1 961 Metern thront der mächtige Berg auf der Grenze zwischen Deutschland und Österreich. Sein markanter Gipfel erinnert an die Form einer Pyramide. Auch der Name des Berges leitet sich davon ab: Sonnendach. Wer den Weg zu Fuß auf den Gipfel auf sich nimmt, wird mit einer sensationellen Aussicht belohnt.

Schupfnudeln nach Bäuerinnen-Art

Schnell und einfach

ZUTATEN:

650 g Schupfnudeln
60 g Butter
100 g roher Schinken
100 g Erbsen
300 g Sauerrahm
100 g Schlagrahm
Salz
Pfeffer

ZUBEREITUNG:

Die Schupfnudeln wie angegeben zubereiten.
Inzwischen die Butter in einer Pfanne erhitzen und den gewürfelten rohen Schinken darin anbraten.
Anschließend die Erbsen, den Sauerrahm und den Schlagrahm dazugeben.
Mit Salz und Pfeffer abschmecken.
Die Schupfnudeln mit der Soße servieren.

Das 1x1 des Kräutersammelns

Die Bergwälder und Almwiesen der Chiemgauer Alpen stecken voller grüner Schätze. Mit etwas Wissen und Erfahrung kann jeder die Kraft der wilden Kräuter für sich nutzen und ganz leicht etwas Abwechslung auf den Teller bringen. Für den Anfang helfen beim Sammeln die folgenden Tipps.

WAS IST WAS
KRÄUTER SICHER BESTIMMEN

Die wichtigste Regel zuerst: Nur das sammeln, was sicher bestimmt werden kann. Auch im Chiemgau gibt es hochgiftige Pflanzen. Doch mit jedem weiteren Tag in der Natur wächst das Wissen um die wilden Kräuter und schon bald lässt sich Essbares von Nichtessbarem leicht unterscheiden. Anfangs helfen Bücher beim Bestimmen der Pflanzen – oder ausgebildete Kräuterpädagogen, die geführte Wildkräuterwanderungen anbieten.

EIN FEST FÜR DIE SINNE
DIE NATUR ERLEBEN

Das wohl Schönste am Wildkräutersammeln: die Natur mit allen Sinnen zu erleben! Sehen, tasten, riechen, schmecken. Faszinierende Blattformen, samtige oder raue Oberflächen, wundervolle Düfte und herrliche Geschmäcker: Beim Bestimmen der Pflanzen spielen die Sinne eine große Rolle. Daneben ist es hilfreich, die Wildpflanzen im Jahresverlauf zu beobachten.

DAS MUSS MIT
ERNTE-HELFER

Ein Sammelbeutel oder ein Korb, ein Messer und Handschuhe für brennende oder stachelige Pflanzen – mehr braucht es nicht zum Sammeln von Wildkräutern. Besonders frisch bleibt das wertvolle Gut in einem feuchten Leinentuch. Wer spontan unterwegs ist, kann aber auch ohne Ausrüstung sammeln.

AUF KRÄUTERSUCHE
WO DAS WILDE GRÜN SPRIESST

Im Bergwald oder auf bunt blühenden Almwiesen: In den Chiemgauer Alpen gibt es genügend Möglichkeiten zum Kräutersammeln. Hoch oben in den Bergen lassen sich Pflanzen fernab von Straßen, konventioneller Landwirtschaft und Verschmutzung entdecken. Der Schutz der Natur und der eigene Schutz stehen dabei aber immer an oberster Stelle! Daher in den Bergen niemals die Wege verlassen oder der sensiblen Natur Schaden zufügen.

IM FRÜHTAU ZU BERGE
DER RICHTIGE ZEITPUNKT

Je nach Pflanze, Wirkstoff und Art der Verarbeitung empfehlen sich unterschiedliche Sammelzeitpunkte. Am kräftigsten sind die

Pflanzen am frühen Vormittag eines sonnigen Tages, wohingegen feuchtes Wetter, Regen oder stark anhaltende Trockenheit gemieden werden sollten. Auch je Jahreszeit unterscheidet sich die Kraft einzelner Pflanzenteile – von den Blättern bis zur Wurzel. Wer die Kräuter „nur" zum Verzehr sammelt, muss sich nicht unbedingt von speziellen Zeiten aufhalten lassen, sondern kann einfach losziehen.

IM EINKLANG MIT DER NATUR DER SAMMELKODEX

Die Natur gibt gerne – wenn sie wertschätzend und respektvoll behandelt wird. Deshalb maximal ein Fünftel der Pflanzen an einer Stelle ernten! Zum richtigen und nachhaltigen Sammeln gehört auch, Blätter und Knospen von verschiedenen Ästen zu pflücken und Pflanzen, die allein oder unter Naturschutz stehen, ausnahmslos stehen zu lassen. Daneben werden nur gesunde und saubere Pflanzenteile geerntet, die genutzt und verarbeitet werden. Oft wird die benötigte Menge überschätzt. Beim Sammeln sollte man sich daher immer fragen, wie viele der wilden Kräuter man wirklich braucht.

IN DER KRÄUTERKÜCHE DIE RICHTIGE VERARBEITUNG

Nicht nur das Sammeln, sondern auch das Verarbeiten und Haltbarmachen von wilden Pflanzen ist ein fast vergessenes Kulturgut. Wildkräuter lassen sich in der Küche auf vielfältige Weise nutzen. Ob als Ersatz von Salat, Spinat, Gewürzen, Wurzelgemüse, Nüsse, Saaten oder Obst – wilde Pflanzen sind reich an Vitaminen, Mineralstoffen und bioaktiven Pflanzenstoffen. Manche haben sogar heilsame Wirkungen. Am besten werden sie frisch verarbeitet. Muss das Sammelgut einmal gelagert werden, so hält es sich in einem feuchten Tuch einige Tage im Kühlschrank. Alternativ lassen sich die Kräuter einfrieren und nach Bedarf auftauen – manche verlieren so allerdings an Aroma.

IMMER MIT DER RUHE LANGSAM STARTEN

Für die ersten Schritte in der wilden Pflanzenwelt empfiehlt es sich, den Fokus auf ein paar ausgewählte Kräuter zu legen. So kann das Grün sicher bestimmt und verarbeitet werden. Und auch der Körper kann sich daran gewöhnen – denn Wildkräuter sind viel reichhaltiger als kultiviertes Gemüse.

FUCHSBANDWURM (K)EIN GRUND ZUR SORGE

Die Angst vor dem Fuchsbandwurm ist weit verbreitet, die Gefahr daran zu erkranken ist in Mitteleuropa allerdings äußerst gering. Kein Grund zur Sorge also. Dennoch sollte man sich des Risikos bewusst sein und es minimieren, indem Pflanzen und Blätter erst ab Kniehöhe gesammelt und erhöhte Orte wie Kuppen gemieden werden. Genauso wichtig ist es, das Sammelgut zu Hause ordentlich zu waschen. Was viele oft vergessen: Nicht nur wilde Pflanzen, sondern auch Obst und Gemüse aus dem Supermarkt können mit Fuchsbandwurm infiziert sein.

WILDER MAJORAN

Er zählt zu den bekanntesten Gewürzkräutern der mediterranen Küche: Oregano. Doch nicht nur im warmen Süden, sondern auch bei uns im Gebirge lässt sich das bekannte Kraut entdecken – als Wilder Majoran oder Echter Dost. Beliebt ist die aromatische Pflanze nicht nur als Gewürz- und Heilkraut. Im Mittelalter sollte sie auch vor Dämonen und bösen Geistern schützen.

Erkennen & sammeln

Wilder Majoran wächst in den Chiemgauer Alpen an sonnigen Waldrändern und auf trockenen Wiesen. Von Juni bis Oktober schmückt er mit seinen violetten Blüten die Natur. Dann steht die bis zu 60 Zentimeter hohe Staude aus der Familie der Lippenblütler auch bei Insekten hoch im Kurs. Gesammelt werden sowohl Blätter als auch Blüten. Sogar die verholzten Stängel finden Verwendung.

Inhaltsstoffe & Wirkung

Als Heilpflanze wird Dost mit seinen wertvollen ätherischen Ölen, Gerb- und Bitterstoffen für seine entkrampfende, antiseptische Wirkung geschätzt. Daneben regt das wilde Kraut den Appetit an, lindert Atemwegsbeschwerden und hilft bei unreiner Haut.

Verarbeiten & genießen

Oregano, Majoran und ein Hauch milder Minze – so lässt sich der Geschmack des Echten Dost beschreiben. Die frischen oder getrockneten Blätter als auch die Blüten werden gerne für mediterrane Gemüse- oder Käsegerichte genutzt. Ältere, verholzte Stängel des Gewürzkrautes verleihen Suppen und Eintöpfen eine tolle Würze – oder man nutzt sie als aromatische Grillspieße.

QUENDEL

Schon beim Zerreiben der Blätter verströmt Quendel, der wilde Thymian, seinen wundervollen Duft. Doch im Gegensatz zum echten Thymian ist Quendel eine heimische Kräuterpflanze, die schon in der Antike und im Mittelalter eine große Rolle spielte.

Erkennen & sammeln

Der wilde Bruder des Thymians wächst an Orten, die anderen Pflanzen zu trocken, zu steinig und zu sonnig sind. In bis zu 2 000 Metern Höhe steigt das wilde Kraut auf und verwandelt in den Sommermonaten karge Landschaften in wunderschön blühende, würzig duftende Blütenteppiche. So wird Quendel je nach Vorkommen auch Feldthymian oder Bergthymian genannt. Vom niedrigen Zierstrauch mit seinen filigranen, blassvioletten Blütenköpfchen werden die jungen Triebe ohne verholzte Teile gesammelt. Besonders aromatisch sind die kleinen Blätter vor der Blüte. Wer einen Vorrat anlegen möchte, sollte den Quendel daher im Mai und Juni ernten und schonend trocknen.

Inhaltsstoffe & Wirkung

Quendel enthält viele ätherische Öle wie Thymol und wird deshalb gerne bei Erkältungskrankheiten verwendet. Ähnlich wie Thymian stärkt Quendel zudem die Verdauung und lindert Frauenbeschwerden. Schon Hildegart von Bingen schwor auf die heilenden Kräfte der Pflanze.

Verarbeiten & genießen

In der Küche ist Quendel mit seinem würzig-zitronigen Geschmack genauso wie der klassische Gartenthymian vielseitig einsetzbar. Ob Fleisch, Fisch, Gemüsegerichte, Suppen oder Salate – das wilde Gewürz passt sowohl zu reichhaltigen wie leichten Gerichten. Nicht nur direkt am Berg besonders lecker: Butterbrot mit frisch geerntetem Quendel.

ROTKLEE

Er bringt nicht nur Glück, sondern auch viel Freude: Im Sommer ist Rotklee ein Farbtupfer auf nahezu jeder Wiese und ruft bei vielen Kindheitserinnerungen hervor, denn den lila-roten Blütenbausch inmitten der typischen Kleeblätter kennt fast jeder. Auch bei Schmetterlingen, Hummeln und Bienen ist der Klee wegen seines süßen Nektars sehr beliebt.

Erkennen & sammeln

Zwischen Mai und September lässt sich der Rotklee auf den allermeisten Wiesen entdecken. Daher kommt auch der Name ‚Wiesenklee'. Daneben ist die etwa 20 bis 40 Zentimeter hohe Pflanze an Wegrändern und Waldlichtungen zu finden. Während sich Glückssucher besonders über vierblättrigen Klee freuen, begeistert der viel häufiger vorkommende dreiblättrige Klee mit seinen wertvollen Inhaltsstoffen.

Inhaltsstoffe & Wirkung

Rotklee enthält neben Proteinen, Gerbstoffen, Vitaminen und Mineralien auch duftendes ätherisches Öl. Mit seinen enthaltenen Isoflavonen sorgt Rotklee für einen ausgeglichenen Hormonhaushalt. Daneben wird das Multitalent, dessen Heilkräfte vor allem in den runden Blütenköpfen stecken, gerne bei Verdauungsbeschwerden, Atemwegserkrankungen oder zur Blutreinigung angewendet.

Verarbeiten & genießen

Ob als essbare Dekoration oder als Wildgemüse – Rotklee ist in der Küche vielseitig einsetzbar. Mit seinem süßen, blumigen und leicht nussigen Geschmack kann der Rotklee direkt von der Wiese genascht werden. Aus den gesammelten Blüten lassen sich aber auch Limonade oder Gelee herstellen. Oder wie wäre es mit schokoladenüberzogenen Rotkleeblüten? Junge Blätter landen gerne in Salaten, Kräuterspeisen, Suppen, Pesto oder grünen Smoothies. Genau wie Erbsen zählt Rotklee übrigens zu den Hülsenfrüchten.

Leben von und mit der Natur

HEFTERALM

Nordöstlich des Großstaffen liegt auf 1 020 Metern die Hefteralm. Die zu den Grassauer Almen zählende Alm ist ein Weidegebiet im Besitz der Pferdezuchtgenossenschaft für Kaltblutpferde in Traunstein.

Wenn Sennerin Irmi von ihrer Alm, ihren Tieren oder ihrem Bauerngarten spricht, dann leuchten ihre Augen. Das Leben von und mit der Natur ist das, was sie begeistert, das, worin sie aufgeht. „Ein Leben auf der Alm bedeutet Arbeit, harte Arbeit. Aber es ist einfach der schönste Arbeitsplatz der Welt." Seit 32 Jahren verbringt Irmi den Sommer auf der Hefteralm. Früher war sie examinierte Krankenschwester, mit Herz und Seele. Dennoch hat es sie in die Berge gezogen. Wie bei so vielen anderen sollte es nur ein Sommer werden. Einer. „Doch genau an diesem hängt dann dein Herzblut dran."

Was es ihr leicht macht, sind nicht nur die Erfahrungen aus der elterlichen Landwirtschaft und eine Lehre an der Hauswirtschaftsschule, sondern vor allem auch ‚ihre' Bauern. „Meine Bauern sind der Wahnsinn. Die sind Kaltblutzüchter, die sind einfach anders. Die stehen zu einem, kommen sofort, wenn man Hilfe braucht, bringen schönes Vieh, das Weide gewohnt ist. Die sind für ihre Alm da, die sind stolz auf ihre Alm", schwärmt Irmi. „Das ist so viel wert und gibt es nicht oft." Vorschläge werden angenommen, Verständnis gezeigt, Lob verteilt. In diesem Jahr stammen die Tiere – davon 12 Kaltblüter – von 23 verschiedenen Bauern. Wer wie viele Viecher auf die Alm bringen darf, bestimmt der Verband. „Gott sei Dank", meint Irmi. Eine Entscheidung, die sie nicht treffen wollen würde. „Und dann sind wir den ganzen Sommer lang für die Tiere verantwortlich. Das ist unsere Hauptaufgabe. Das vergessen die Leute oft. Eine Alm ist Landwirtschaft, kein Wirtshaus."

Die herrlichen Almen, die Weideflächen voller wilder Kräuter – all das würde nicht so aussehen, würde man die Hochflächen nicht beweiden. Es ist eine Kulturlandschaft, die nur durch den Menschen entstanden ist. „Das würde nicht so wachsen, würden wir uns nicht kümmern. Binnen weniger Jahre wäre sie verschwunden, zugewachsen. Leider gibt es immer weniger kleine Bauern, denen die Almwirtschaft wichtig ist. Das ist schade. Ja, es ist mühsam. Ja, es ist viel Arbeit – aber wir leisten einen wichtigen Beitrag zur Biodiversität. Wir erhalten eine enorme Artenvielfalt – und dass die Tiere hier ein super Leben haben, das braucht man eigentlich nicht zweimal sagen."

Weh - LAN
Bankerl

Zwei Wochen braucht Irmi zum Ankommen – mindestens. Zuerst wird alles für die Tiere gerichtet. Zäune, Wasserstellen, Ställe. Dann kommt direkt der Garten, denn er ist es, der sie ernährt. Zum Schluss geht es nach drinnen. Putzen, herrichten, ankommen. Und erst dann, wenn alles fertig ist, bekommen auch die Leute etwas. „Sonst wirst du nicht mehr geschickt und läufst den Dingen immer nur hinterher“, weiß Irmi aus ihrer jahrelangen Erfahrung. „Vor Mitte Mai mache ich nicht auf. Vielleicht bin ich da altmodisch, aber das macht nichts. Ich brauche das Ankommen einfach und genieße die Zeit für mich allein.“ Wenn schließlich die Tiere da sind, dann ist sie bereit und kann sich von wieder neuem mit Leib und Seele auf den Almsommer einlassen.

Zur Hefteralm gehört ein großer, liebevoll gepflegter Bauerngarten. Er ist nicht nur ein Sinnbild für das naturverbundene, traditionelle Landleben sowie die Fülle der Natur, sondern spiegelt irgendwie auch Irmi selbst wider. „Das ist nicht nur meine Entspannung, da hole ich auch viel raus. Mein Garten ist nicht piekfein, dafür aber nützlich. Ein echter Bauerngarten eben.“ Was aufgeht, das darf auch wachsen. Die Blüten der Ringelblumen kommen in den Salat oder werden für Salben verwendet, selbst die Brennnesseln werden genutzt. Ein besonderes Faible hat Irmi für Kresse. Eine dankbare Pflanze, die so vielfältig genutzt werden kann. Der Samen herrlich pfeffrig, die Blätter und Blüten nicht nur hübsch anzusehen, sondern auch lecker. „Ich liebe Kresse! Von einer Geranie hab ich halt nichts“, stellt Irmi trocken fest. Der Garten bedeutet für Irmi nicht nur Arbeit, sondern auch Genuss. Etwas, dass sie ihren Mädels, die sie den Sommer über auf der Alm unterstützen, vermitteln möchte. „Daheim würden sie einfach einkaufen gehen, auf der Alm, da schicke ich sie in den Garten zum Schauen, was er gerade so hergibt. Und dann kochen wir was. Da

kommen die höchsten Gerichte heraus. Du kannst Wunderbares aus dem machen, was du hast, ohne irgendwelche exotischen Zutaten zu kaufen. Man lernt ganz anders zu kochen."

Wissen weitergeben, das ist etwas, das Irmi am Herzen liegt. „Das macht mir Spaß, das mach ich gern." Tiere versorgen, melken, kasen, kochen und backen, Gäste bewirten. Es steckt so viel Arbeit dahinter. Arbeit, die kräftezehrend ist, aber auch glücklich macht. „Wenn man seinen ersten eigenen Käse anschneidet, das erste Mal die selbst gemachte Butter genießt – das ist schon eine ganz andere Art von Wertschätzung, da hast du dann ein ganz anderes Empfinden dazu. Das verändert dich. Aber die Faszination, die bleibt." Wer den ganzen Almsommer lang auf so engem Raum zusammen arbeitet und zusammen lebt, der wächst zusammen. Schnell merkt man: Für ihre Almfamilie würde Irmi durchs Feuer gehen.

Von Mitte Mai bis Mitte Oktober ist die Hefteralm ein beliebtes Ziel von Wanderern und Bergradlern. Bis vor zehn Jahren lief die Bewirtung nebenher. Doch mit der zunehmenden Zahl an Gästen hat Irmi das Angebot erweitert. „Ich rieche einfach furchtbar gerne Mehl, ich backe furchtbar gerne Brot und Kuchen, ich stelle furchtbar gerne Käse her – ich tu das alles gerne." Und so macht die Bewirtung eben nicht nur Arbeit, sondern auch Spaß. Zumindest, wenn es nicht überhand nimmt, zumindest so lange, wie kein Zwang dahinter steht.

Anfang September beginnt Irmis ganz persönlicher Almsommer. Dann, wenn die Hauptsaison vorbei ist, wenn nicht mehr ganz so viele Gäste kommen, wenn sie das Almleben wieder mehr genießen kann. „Und das liebe ich. Ich liebe es, wenn ich aufstehe und die Almluft rieche. Das Milchverarbeiten in der Früh, den Kas anschneiden, probieren, immer ein bisschen mäkeln." Und wenn an Regentagen auch einmal Ruhe einkehrt. „So ein Schlecht-Wetter-Tag ist schon was Tolles!", lacht Irmi. „Wenn du beim Frühstück einfach mal sitzen bleibst und die dritte Tasse Kaffee schlürfst, ohne dass sie kalt wird." Seine Arbeit erledigt man trotzdem. „Du warst schon melken, bist schon nass geworden – und wenn man dann die Stube einheizt, dann ist das etwas ganz Schönes", schwärmt sie und fügt grinsend an: „Und an so einem Regentag sollte man die Almerer auch einfach mal in Ruhe lassen. Damit die auch mal hocken können."

Voller Wehmut hingegen steckt für Irmi das Ende des Almsommers, wenn die Tiere zurück ins Tal gebracht werden. „Natürlich ist man irgendwie auch erleichtert, wenn die Viecher wieder gesund bei ihren Bauern sind. Das ist schon eine große Last, die abfällt." Aber manche Tiere sind Irmi besonders ans Herz gewachsen. Da fällt der Abschied schwer. „Und am nächsten Tag, wenn du aufstehst, dann ist die Alm einsam, leer. Du hörst keine Glocken, du hörst nichts. Irgendwie auch nicht schön. Dann kommt die Zeit, wo du zusammenräumst und dann ist es auch gut." Auch sich selbst räumt man ein Stück weit zusammen. Man braucht auf, was man noch hat, macht alles winterfest, geht wieder früher ins Bett. Aber man kann sich jetzt auch einfach einmal hinsetzen und genießen. Wenn alles fertig ist, geht es ins Tal zurück. „Und dann regt dich erst einmal alles auf", resümiert Irmi. „Du kannst nicht schlafen, weil alles so laut ist, und musst erst einmal putzen, weil du so lange nicht zu Hause warst. Und dann drückt es mich noch einmal hinauf, dann mag ich Berggehen." Im Winter denkt Irmi erst mal nicht an die Alm. „Aber so im Februar, März, da gehts schon wieder los. Da ziehe ich los und kaufe neues Geschirr für die Alm. Mein Mann schmunzelt immer. Ist schon gut, sagt er dann, ist schon gut." Nicht mehr lange, dann darf sie wieder auf ‚ihre' Alm, zurück an den schönsten Ort der Welt.

Hefteralm

Eigene Herstellung
Milch 2,50
mit frischen Erdbeeren:
Erdbeermilch 3,-
Erdbeerbuttermilch
Buttermilch 2,50
Molke
Fruchtmolke 3,-
Kaba (kalt) 3,-

KA

SN

Rama

Kasn

Genussvolle Tradition

Die Herstellung von köstlich würzigem Almkäse und verschiedenen Milchprodukten hat auf den Chiemgauer Almen seit jeher Tradition. Ihren Ursprung findet die Käseherstellung in der Verwertung und Konservierung von Milch. In früheren Zeiten waren die Menschen der Alpenregionen darauf angewiesen, die kostbaren Lebensmittel für den Winter haltbar machen zu können.

Während Bergkäse das ganze Jahr über im Tal hergestellt wird, wird die Milch für den Almkäse nur im Sommer direkt auf der Alm verkäst. Frische Milch von glücklichen Kühen, die herrlich saftige Wildkräuter grasen, sowie die luftige Höhe verleihen dem Almkäse sein besonderes Aroma. Zusammen mit der traditionellen, handwerklichen Herstellung entsteht ein charakteristisches, naturbelassenes Produkt, das sich von Alm zu Alm ein wenig unterscheidet.

Die Basis eines aromatischen Almkäses ist frische Milch. Die ist auf der Alm besonders reichhaltig und steckt voller gesunder Fette, Eiweiß und Mineralstoffe. Bis sich jedoch ein weiteres großes Käserad im Regal landet , sind einige traditionelle Arbeitsgänge erforderlich. Die Milch wird zunächst erhitzt. Anschließend werden Lab oder Milchsäurebakterien hinzugefügt und die Milch gerinnt. Die entstandene Masse wird mit einer Harfe zerteilt, der sogenannte Käsebruch entsteht. Damit der fertige Käse richtig kompakt wird, sollte der Bruch des Almkäses möglichst fein werden. Unter ständigem Rühren wird die Masse erhitzt. Je höher die Temperatur, desto härter wird der Käse am Ende. Schließlich wird das Käsekörn in Form gebracht und die restliche Molke herausgepresst. Damit eine schützende Rinde entsteht, wird der Laib in ein Salzbad gelegt. Anschließend reift er im Naturkeller. Doch damit ist die Arbeit nicht erledigt. Tag für Tag wird der Käse mit einer Lösung aus Salz und Wasser eingerieben. Nach einigen Wochen Ruhezeit ist der Almkäse schließlich bereit für den Genuss.

Ob Frischkäse, Weichkäse oder Schnittkäse: Am Ende schmeckt jedes Stück einzigartig – nach blumigen Almkräutern, glücklichen Kühen, frischer Luft und der Liebe zur Natur.

Sauerteigbrot

Frisch aus dem Ofen

ZUTATEN:

aktiver Sauerteig aus 250 g Roggenmehl, 250 g Wasser und 25 g Anstellgut Roggensauer
350 g Roggenmehl
250 g Wasser
12 g Salz
1 EL Zucker

ZUBEREITUNG:

Für den Sauerteig zunächst das aufgefrischte Anstellgut mit warmen Wasser und Mehl mischen und über Nacht, am besten jedoch für etwa 12 bis 14 Stunden, reifen lassen.
Anschließend den aktiven Sauerteig mit den Zutaten des Hauptteiges etwa fünf Minuten lang mit einem Spachtel zu einem klebrigen, weichen Teig vermengen und für zehn Minuten ruhen lassen.
Den Teig noch einmal kurz durchmischen, mit angefeuchteten Händen in eine gefettete oder mit Backpapier ausgelegte Kastenform geben und die Oberfläche des Brotes mit etwas Wasser glatt streichen. Auf Wunsch mit Kernen bestreuen.
Anschließend erneut 2 Stunden gehen lassen. Kurz vor Ende der Gehzeit den Backofen auf höchster Stufe vorheizen. Das Brot in den heißen Backofen geben und etwa eine Stunde backen.
Nach den ersten 10 bis 15 Minuten die Temperatur auf 180 bis 200 °C reduzieren. Das fertige Brot aus dem Ofen holen, aus der Form nehmen und auf einem Gitterrost gut abkühlen lassen.

Tipp: Für die perfekte Kruste das Brot mit Dampfschwaden backen. Hierfür beim Vorheizen des Ofens ein Gefäß (zum Beispiel ein tiefes Backblech oder eine metallene Auflaufform) auf dem Boden des Backofens platzieren. Wenn das Brot in den heißen Backofen gegeben wird, das Gefäß mit Wasser füllen und schnell die Ofentüre schließen. Nach etwa zehn Minuten Backzeit die Ofentüre weit öffnen, um den heißen Wasserdampf abzulassen, und das Brot bei reduzierter Temperatur fertig backen.

Entdeckungsreisen

Unterwegs in den Chiemgauer Alpen

Die eigene Heimat immer wieder neu entdecken und auch andere an den landschaftlichen und kulturellen Schätzen des Chiemgau teilhaben lassen: Josefine Lechner ist Bergwanderführerin in den Chiemgauer Alpen – und unheimlich verliebt in dieses Fleckerl Erde.

Wandern in den Chiemgauer Alpen – das bedeutet für Josefine Genuss, entspanntes Unterwegs-Sein, Beschaulichkeit. „Ich bin einfach sehr gerne in der Natur und schon immer wandernderweise unterwegs gewesen.“ Die Berge sind für die Bergwanderführerin von Kindheit an ein Sehnsuchtsort. Über Jahrzehnte hinweg pachteten die Eltern eine Alm am Laubenstein. In den vielen Sommern hoch oben hat Josefine Wurzeln geschlagen. Eine tiefe Verbundenheit zu der Landschaft aufgebaut, die sie auch heute noch immer wieder anzieht. Ein Ort, zu dem sie sich über die Jahre viel Wissen und Kompetenz angeeignet hat. Ein Platz weit weg vom Alltag, weg vom normalen Leben. „Wer in den Bergen unterwegs ist, gewinnt an Höhe und damit Stück für Stück auch immer mehr Abstand zu dem, was zu Hause ist, zu dem, was einen beschäftigt“, weiß Josefine. Der Atem wird mit jedem Schritt gleichmäßiger. Im Körper breitet sich eine wohlige Ruhe aus. Und dann diese einzigartige Landschaft. Kein Lärm, nur zwitschernde Vögel, das Rauschen des Windes, das stete Läuten der Kuhglocken – die beruhigenden Geräusche der Natur. Wenige Eindrücke, in die man voll und ganz eintauchen kann. Auch ihren Teilnehmenden legt Josefine nahe, bewusst zu gehen, sich aufs Wandern einzulassen, auf den eigenen Rhythmus zu hören, um eins zu werden mit der Landschaft, die einen umgibt. „Ich glaube, das ist an den Bergen so besonders: das Wegkommen, das Abstandnehmen." Kein anderer Naturraum ermöglicht das einem so. Hoch oben darf man einfach sein, runterkommen, die Ruhe spüren. „Für mich verliert das auch niemals seinen Zauber – im Gegenteil: Es fasziniert mich immer wieder, es ist so schön, dass ich es immer wieder gerne tue."

Bei jeder einzelnen Wanderung ist die Bergwanderführerin mit Leidenschaft dabei, jede Tour soll etwas besonderes sein. „Der Chiemgau ist einfach ein Schatz, das sage ich mir so oft! Es ist ein Paradies, in dem wir leben dürfen. Ein großes Gut – wenn man es zu schätzen weiß." Deshalb gibt es bei Josefines Wandertouren für alle etwas zu entdecken: Abwechslungsreiche Wege, herrliche Almen, gelebte Traditionen, die besondere Natur, spannende Menschen. „Ich möchte die Leute bekannt machen mit der Kraft dieser Landschaft und wie man darin Erholung findet."

HeimatEntdeckerTouren – einen treffenderen Namen für ihr Angebot hätte Josefine kaum finden können. Auch nach vielen Jahren als Bergwanderführerin gibt es für sie noch immer kleine Wege und versteckte Steige zum Erkunden. Ein Reiz, dem sie sich nicht entziehen kann – und auch nicht entziehen möchte. Entdeckt sie einen neuen Pfad, kommt der direkt auf ihre Liste neuer Erkundungsziele und wird bei nächster Gelegenheit weiter erforscht. „Ich denke mir immer wieder: ‚Das gibt's doch gar nicht, dass das einfach nicht aufhört!' – aber es gibt immer wieder etwas Neues zu entdecken", staunt sie. Und nicht nur Josefine, sondern auch viele, die mit ihr kommen, sind immer wieder ganz angetan davon, wie schön es in den Chiemgauer Alpen ist. Und die Lust, die eigene Heimat aus neuen Perspektiven zu entdecken, ist ansteckend.

„Mit mir wandern Menschen, die gerne einmal etwas anderes kennenlernen und Neues erfahren wollen, und solche, die in Gemeinschaft unterwegs sein möchten." Hauptsächlich gehen mit Josefine Einheimische aus der Region und dem weiteren Umland in die Berge, ein kleiner Teil sind auch Urlaubsgäste. „Ich biete ja nicht nur eine Wanderung an, sondern ein Thema. Es ist für mich ein großes Geschenk, dass ich eine Zielgruppe gefunden habe, die daran so interessiert ist. Und mich begleiten auch einfach immer so nette Leute, die mir gerne zuhören – da macht es natürlich noch mehr Spaß." Wichtiger ist jedoch – und darin sieht Josefine eine ihrer Hauptaufgaben –, dass man es als Bergwanderführer fertigbringt eine nette Gemeinschaft zu schaffen. „Ich bin gerne mit Menschen zusammen. Menschen, die miteinander einen wunderbaren Tag erleben sollen, an dem sie das Gefühl haben, in der Gemeinschaft etwas Gutes für sich getan zu haben." Und dabei ist es letztendlich egal, wie weit man gewandert ist, wie viele Höhenmeter geschafft wurden und wie lange man gebraucht hat.

Die Themen von Josefines Touren sind breit gefächert. Etwas, für das Josefines Herz besonders schlägt, ist das Jodeln. Durch einen Zufall ist sie vor einigen Jahren dazu gekommen. Mit der Einstellung, dass Jodeln absolut nichts für sie wäre, hat der erste Abend im Jodelkurs – zu dem sie sich doch hat überreden lassen – direkt bei ihr eingeschlagen. „Ich habe sofort gewusst: Ja, das bin ich, das passt zu mir! Es hat mich von der ersten Sekunde in den Bann gezogen. Seitdem jodle ich mit ganz großer Leidenschaft." Irgendwann kam die Idee, Jodelwanderungen anzubieten. „Jodeln ist etwas Einzigartiges, etwas, das die Seele berührt. Wenn man hoch oben in den Bergen ist, an einem wunderschönen Ort, umgeben von der Stille der Natur und dann einen Jodler anstimmt – das hat etwas unheimlich Bewegendes, Archaisches an sich." Melodisch gesungene Vokale, die in die Weite der Bergwelt hinaus klingen. Ergreifende Laute, die den ganzen Körper zum Schwingen bringen. Befreiende Töne, die den Geist öffnen und ehrfürchtig zu Tränen rühren. Urlaute wie die Jodler sind in vielen Kulturen verankert und die meisten Menschen spüren auch heute noch eine instinktive Verbundenheit dazu. Bei Josefines Wanderungen sorgen sie für berührende Gänsehautmomente in einer einmaligen Kulisse. „Für mich ist Jodeln mit seiner wohltuenden Wirkung einfach das Sahnehäubchen einer Tour! Und wenn man vor lauter Freude einen kraftvollen Juchzer ins Tal hinunter ruft, dann steckt das natürlich auch andere an", freut sie sich.

Ein anderes Thema, das Josefine am Herzen liegt, sind Frauenwanderungen. Unter sich genießen die Frauen nicht nur die Gemeinschaft und eine für alle ohne Leistungsdruck machbare Tour, sondern bekommen von der Bergwanderführerin auch hilfreiche Tipps im Umgang mit Landkarten und zur Tourenplanung. „Mir ist es wichtig, dass die Frauen wissen, was sie sich zutrauen können, dass sie sich selbst gut einschätzen können, sich eine gewisse Kompetenz erarbeiten und Selbstbewusstsein entwickeln." Dass es gelingt, zeigen die vielen positiven Rückmeldungen und die hohe Nachfrage. Einen tiefen Einblick in das Leben auf der Alm gibt es bei der Tour ‚Auf einen Ratsch mit der Sennerin'. „Mit den Leuten von A nach B zu gehen und fertig ist mir einfach zu wenig. Denn wenn man einen Blick hinter die Kulissen werfen kann, bekommt man nicht nur ein neues Verständnis für viele Dinge, sondern das Erlebnis wirkt auch nachhaltiger." Die Verbindung von Draußensein und dem Erfahren von Inhalten als besonders schöne und fruchtbare Kombination. Ein Erfolgsrezept. Und so lässt sich die Heimat auf eine wunderbare Weise noch einmal ganz neu entdecken.

Almgröstl
Deftiger Klassiker aus der Pfanne

ZUTATEN:

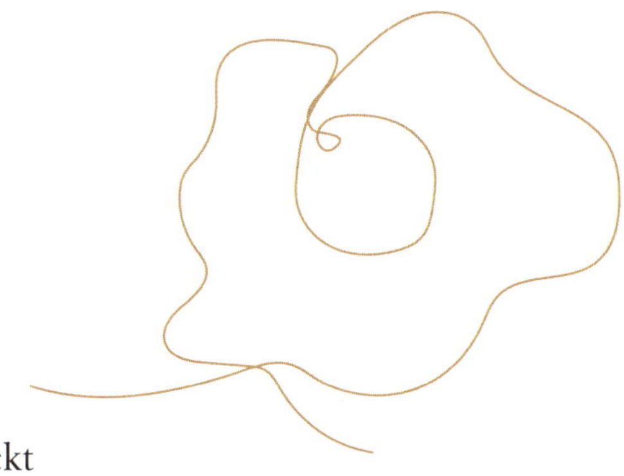

- 4–6 mittelgroße vorgekochte Kartoffeln
- 2 EL Olivenöl
- 120 g Speck, gewürfelt
- 1 weiße oder rote Zwiebel
- 1/2 EL Butter
- 1/2 TL Kümmel
- 2–4 Eier
- 1/2 Bund Petersilie oder Schnittlauch, gehackt
- 1/2 TL getrockneter Oregano oder Majoran
- Salz, Pfeffer

ZUBEREITUNG:

Die Kartoffeln schälen, in Scheiben schneiden und mit dem Olivenöl in einer Pfanne goldbraun anbraten.
Den Speck würfeln, mit der gehackten Zwiebel, der Butter und den Kümmel zu den Kartoffeln geben und anbraten.
Die Eier entweder verquirlen und dazugeben oder in einer zweiten Pfanne zu Spiegeleiern braten. Mit ein wenig Salz und kräftig Pfeffer würzen und nach Belieben mit Kräutern bestreuen.
Das Almgröstl am besten in einer schweren Gusspfanne servieren, aus der gemeinsam gegessen wird.

Das 1x1 des Bergwanderns

Wandern ist eine wunderbare Möglichkeit, die einzigartige Natur der Chiemgauer Alpen und die traditionsreichen Almen hautnah zu erleben. Tausende Kilometer markierter Wanderwege ziehen sich durch die Chiemgauer Bergwelt. Mehr als genug, sodass jeder die perfekte Wanderung für sich findet. Mit den folgenden Tipps lassen sich die Berge sicher und genussvoll erkunden.

DIE KRAFT DER LANDSCHAFT ERLEBEN

Die Chiemgauer Alpen sind nicht nur schön anzusehen oder der perfekte Platz, um sich mit Bergsport fit zu halten. Die Berge sind vor allem ein Ort zum Krafttanken, ein Ort voller Energie, an dem man auch neue Einsichten gewinnen kann. Wer das spüren möchte, sollte vollkommen in den Lebensraum eintauchen. Hinhören, riechen, beobachten. Einmal ganz still sein, sich ganz dem Moment hingeben und den Alltag bewusst zurücklassen.

IN DER RUHE LIEGT DIE KRAFT

Das Gute beim Bergwandern ist, dass es eigentlich nie ‚zu spät' ist. Wichtig ist nur, das richtige Maß zu finden, das zum eigenen Körper passt. Daher stets mit kleinen Touren beginnen und sich nach und nach steigern. Das gilt auch für das Wandern selbst: Langsames und gleichmäßiges Atmen lässt einen auf Dauer weiter kommen als Hektik und Stress.

EIN GESUNDES MASS

Wandern macht immer dann Freude, wenn man nicht überfordert ist. Das gilt nicht nur für das Tempo, sondern auch für das Ziel. Wenn die Kräfte nicht reichen, lässt man den Gipfel besser einfach einmal Gipfel sein, macht es sich auf einem Hüttenbankerl bequem, erfreut sich an der herrlichen Natur und lässt die anderen weiterziehen.

ZEIT FÜR EINE PAUSE

Regelmäßige Pausen gehören beim Bergwandern dazu. So kann man nicht nur verschnaufen und etwas trinken, sondern auch die Landschaft in Ruhe genießen. Egal ob auf einer Alm, einer wunderschön gelegenen Sitzbank, am Gipfelkreuz oder einfach am Wegesrand – die Chiemgauer Natur bietet unendlich viele Plätze für eine erholsame Pause.

GUT GEPLANT IST HALB GEWONNEN

Eine sorgfältige Tourenplanung ist sehr wichtig. Mit Landkarten und Wanderführern, online oder dem Rat von Experten sollte man vorab einen guten Eindruck der Tour gewinnen. Das Gelingen einer Wanderung hängt aber nicht nur von der Planung, sondern auch vom Wetter ab. Daher unbedingt im Voraus mit Hilfe von Bergwetterberichten über die Wetterverhältnisse kundig machen.

BESTENS AUSGERÜSTET

Eine Brotzeit, Getränke und zusätzliche Kleidung gehören genauso in den Rucksack wie Sonnen-, Regen- und Kälteschutz, ein Mobiltelefon und ein Erste-Hilfe-Set. Wenn das Wetter umschlägt, die Hütte nicht geöffnet ist oder man verletzt ist, hilft erst einmal nur, was im eigenen Rucksack ist. Eigenverantwortung ist angesagt, anstatt sich ausschließlich auf andere zu verlassen. Da es sich mit leichtem Gepäck auch leichter geht, sollte auf unnötigen Ballast jedoch verzichtet werden.

GUTEN FUSSES ÜBER STOCK UND STEIN

Für einen Ausflug in die Berge unverzichtbar: Wanderschuhe, die gut passen, eine feste Sohle haben und wasserdicht sind. Sie schützen und unterstützen den Fuß und verbessern obendrein die Trittsicherheit. Wanderstöcke entlasten zusätzlich die Kniegelenke und helfen beim Gleichgewicht halten.

RÜCKSICHTSVOLL UNTERWEGS

Die Bergwelt der Chiemgauer Alpen ist ein sensibles Ökosystem. Zum Schutz dieser einzigartigen Natur kann jeder etwas beitragen. Abfälle werden wieder mit ins Tal genommen, Lärm wird vermieden, Tiere werden nicht gestört und Pflanzen bleiben unberührt.

GEGEBENHEITEN RESPEKTIEREN

Almen gibt es im Chiemgau schon seit hunderten von Jahren. Dass man darin einkehren kann, ist keine Selbstverständlichkeit. Die Versorgung der Tiere und der Alm hat immer Vorrang. Zudem ist eine Bewirtung auch von der Ausstattung abhängig. Erwartungen wie umfassende Öffnungszeiten, ständige Erreichbarkeit oder ein Cappuccino mit Sojamilch sind hier fehl am Platz.

BRENNNESSEL

Sie ist eine der am meisten unterschätzten heimischen Wildpflanzen: die Brennnessel. Die nahezu auf der ganzen Welt verbreitete Pflanze gilt bei uns oft als Unkraut – dabei lässt sich das essbare, nährstoffreiche Kraut wunderbar als Gemüse einsetzen.

Erkennen & sammeln

Brennnesseln wachsen auf feuchten, nährstoffreichen Böden. Die ideale Zeit, um die Blätter der etwa 30 bis 150 Zentimeter hohen Pflanze zu sammeln, ist während der Blütezeit zwischen März und August. Die Brennnessel am besten mit Handschuhen ernten, denn die Härchen an Blättern und Stielen sorgen bei Hautkontakt für ein unangenehmes Brennen. Die Blütenrispen können ab dem Frühsommer bis in den September hinein geerntet werden, die Samen werden im Spätsommer und Herbst gesammelt.

Inhaltsstoffe & Wirkung

Die Brennnessel ist dank ihrer gesunden Inhaltsstoffe eine wahre Wunderpflanze und fester Bestandteil der natürlichen Hausapotheke. Sie ist nicht nur reich an Eisen, sondern enthält auch viel Eiweiß, Vitamin C sowie Kalium und Magnesium. Die Stoffwechsel-Pflanze wird gerne zur Entgiftung und Entschlackung sowie bei Müdigkeit und Erschöpfung genutzt. Daneben ist sie ein beliebtes Stärkungsmittel und wirkt entzündungshemmend.

Verarbeiten & genießen

Die jungen Blätter der Brennnessel schmecken leicht nussig, ähnlich wie Spinat, und machen sich besonders gut als Gemüse in Suppen, im Salat oder im Kräutersalz. Eine leckere Bereicherung für Salate und Dips sind die Blütenrispen sowie die Brennnesselsamen – entweder roh oder geröstet. Auch vorzüglich im Geschmack: Brennnesselpesto, Brennnesselknödel oder im Bierteig ausgebackene Brennnesselblätter. Getrocknete Blätter eignen sich perfekt für Kräutertee.

WIESENKÜMMEL

Wiesenkümmel ist ein uralter Bauchschmeichler. Die heilenden Kräfte der Wildpflanze, die vor allem auch in den Bergen vorkommt, waren schon vor mehr als 5 000 Jahren bekannt. Und auch in der Küche ist Kümmel beliebt: Er zählt zu den ältesten Gewürzen.

Erkennen & sammeln

Im Frühjahr können die jungen, hauchdünnen Blätter des Wiesenkümmels gepflückt werden. Über den Sommer entwickelt das filigrane Kraut winzige Blüten und eine kräftige Frucht. Dann schmücken die einem großen Wattebausch gleichenden weißlich-rosa Blüten Almwiesen und Wegränder in den Bergen. Der Wiesenkümmel kommt dabei in Höhen bis 2 000 Metern vor. Die Blüten werden im Juli und August geerntet und in Bündeln zum Trocknen aufgehängt. Wer ein Stofftuch darunter legt, kann die ersten herabfallenden braunen Samen einfach auffangen. Sind die Blüten getrocknet, werden sie zerrieben und dabei die restlichen Samen herausgetrennt.

Inhaltsstoffe & Wirkung

Wiesenkümmel ist besonders reich an ätherischen Ölen. Das zarte Kraut fördert die Verdauung und lindert Blähungen. Dank seiner antibakteriellen Wirkung wird Wiesenkümmel auch gerne in Mundwässern genutzt.

Verarbeiten & genießen

Mit seinem aromatischen, leicht scharfen Geschmack und einer süßlichen Note ist Wiesenkümmel ein typisches Gewürz der deutschen Küche. Dank ihrer Inhaltsstoffe machen die Samen besonders schwere Gerichte wie den traditionellen Schweinsbraten bekömmlicher. Auch im Brot oder Käse ist Kümmel sehr beliebt. Die feinen Blätter werden seltener genutzt, passen jedoch gut in Suppen oder Salate. Ihr milder Geschmack wird mit Petersilie und Dill verglichen. Selbst die Wurzeln sind als gekochtes Gemüse essbar.

Kampenwand

Markant ragt sie mit ihrem schroffen Fels in den Himmel empor: die Kampenwand. Wenn auch nicht der höchste, so doch wohl der bekannteste Gipfel der Chiemgauer Alpen und – dank Seilbahn – besonders beliebt bei jenen, die bequem aufsteigen möchten. 14 Minuten dauert die Fahrt von Aschau im Chiemgau hinauf. Schon von weitem sichtbar ist das Kreuz, das den 1 669 Meter hohen Gipfel schmückt. Es ist mit 12 Metern das größte Bergkreuz in den Bayerischen Alpen.

Das Beste vom Rind

PIESENHAUSENER HOCHALM

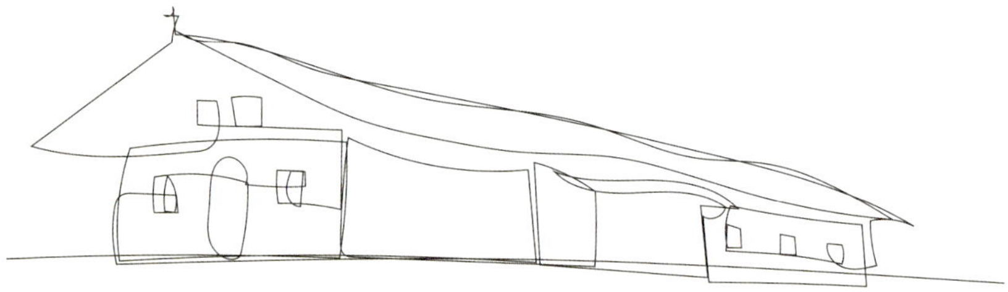

Wer sich auf der Piesenhausener Hochalm einmal um die eigene Achse dreht, wird mit einem der gewaltigsten Panoramen belohnt, die der Chiemgau zu bieten hat. Die malerische Alm thront zwischen Hochplatte und Kampenwand auf 1 360 Metern. Im Norden liegt das Bayerische Meer zu Füßen, im Süden ragen die mächtigen Zentralalpen mit Großglockner und Großvenediger in den blauweißen Himmel.

Seit mehr als 550 Jahren wird die Piesenhausener Hochalm bewirtschaftet. Erst als Gemeinschaftsalm, seit einigen Jahrzehnten als Familienbesitz des Naderbauer Hofs.Die Landwirtschaft ist für Almbauer Anderl nicht nur ein Beruf, sondern eine Berufung: „Tag für Tag arbeiten wir dafür, dieses wunderschöne Fleckchen Erde für so viele Generationen wie möglich zu erhalten. Im Vordergrund steht bei uns immer das nachhaltige Wirtschaften zum Erhalt unserer Heimat", erklärt er. Und obwohl der Sommer für ihn einen herausfordernden Vollzeitjob voller Abwechslung bedeutet, würden er und seine Frau Steffi die Bewirtschaftung der Alm niemals aufgeben. Sie halten hauptsächlich Fleckvieh – eine Rasse, die nicht nur traditionell für den Chiemgau, sondern auch bekannt für ihre hervorragende Fleischqualität ist. Ein Kriterium, das für Anderl und Steffi eine große Rolle spielt, denn sie haben sich auf die Direktvermarktung von erstklassigem Almrindfleisch spezialisiert.

Ein Stück Alm auf dem Teller: Das ganze Jahr über gibt es am Naderbauer Hof in Marquartstein das frische Almrindfleisch zu kaufen. Für die Direktvermarktung haben sich Anderl und Steffi bewusst entschieden. „Es macht uns einfach sehr viel Freude unseren Kunden Produkte anzubieten zu können, von denen wir genau wissen, wie sie entstanden sind." Und nur so können sie auch die Qualität und Regionalität bieten, die ihnen wichtig ist. Regionale Lebensmittel haben einen sehr hohen Stellenwert für die Almbauern. „Uns ist bewusst, dass wir uns glücklich schätzen können, in einer Region zu leben, in der sehr gute Lebensmittel erzeugt werden können. Das ist nicht überall so." Da versteht es sich von selbst, dass auch auf der Alm sehr darauf geachtet wird, woher die Lebensmittel kommen, die den Wanderern angeboten werden. „Der Bäcker aus dem Dorf und die nahegelegene Molkerei dürfen da nicht fehlen. Der Käse, der Speck und die Salami sind natürlich aus eigener Herstellung."

Je nach Wetterlage werden die Jungrinder im Mai oder Juni auf die Hochalm getrieben, wo sie den Sommer über das saftige Gras der Almwiesen, die frische Bergluft und viel Bewegung genießen dürfen. Wichtige Faktoren, die nicht nur die Gesundheit und das Wohl der Tiere, sondern später auch die Qualität des Almrindfleisches beeinflussen, das Anderl und Steffi schon seit vielen Jahren direkt ab Hof vermarkten. Damit es den Tieren auf der Alm an nichts fehlt, werden sie während des Sommers von zwei Sennerinnen unterstützt.

Feldthymian, Echter Kümmel, Frauenmantel, Hirtentäschl und Spitzwegerich – die kräuterreichen Bergwiesen tragen zu einem besonders guten Almrindfleisch bei. Denn die wilden Kräuter sind nicht nur gut für den Menschen, sondern vor allem wertvolles Futter für die Rinder. Auch die ständige Bewegung der Tiere, die bei Anderl und Steffi ihre Hörner behalten dürfen, und das langsame Wachstum der Rinder auf der Alm beeinflussen den Geschmack des Fleisches. Nur in den Bergen findet man diese einzigartige Kombination, die das Almrindfleisch besonders kräftig und intensiv, aber dennoch saftig und zart werden lässt. Den Winter verbringen die Almrinder im gesunden Klima des modernen Laufstalls am Naderbauer Hof.

Nach drei unbeschwerten Sommern in der freien Natur der Piesenhausener Hochalm werden die Rinder mit einem maximalen Alter von 35 Monaten geschlachtet. „Um unseren Tieren stressige und lange Transportwege zu ersparen, begleiten wir sie bis zum regionalen Metzgermeister unseres Vertrauens“, erzählt Anderl. All die Mühe und die Arbeit, aber auch die Liebe zu den Tieren zahlt sich aus: Nach dreiwöchigem Abhängen entsteht ein in Ruhe gereiftes, hochwertiges Lebensmittel für Genießer.

Das erstklassige Fleisch wird dabei in verschiedene Teilstücke unterteilt, die je nach Beschaffenheit und Struktur unterschiedlich zubereitet werden können. Während sich manche Teilstücke eher zum Kurzbraten eignen, sind andere besser zum Kochen oder Schmoren geeignet. Rinderlende, Rinderrouladen, Gulasch, Rinderbraten, Tafelspitz oder Suppenfleisch – auf den Teller kommt nur beste Qualität frisch vom Erzeuger. Das aromatische Almrindfleisch ist relativ fettarm, enthält hochwertiges Eiweiß sowie wichtige Nährstoffe wie Eisen, Selen, Vitamin A und verschiedene B-Vitamine. Steffis Tipp für die Zubereitung: „Das Fleisch sehr gut anrösten! Das ist das A und O. Und unbedingt die Gewürzzutaten mit anbraten."

Auch für die Familie selbst ist es jedes Mal aufs Neue ein Genuss, wenn ihre eigenen Lebensmittel am Tisch stehen. Denn zugegeben: Die regionale und saisonale Küche schmeckt einfach am besten.

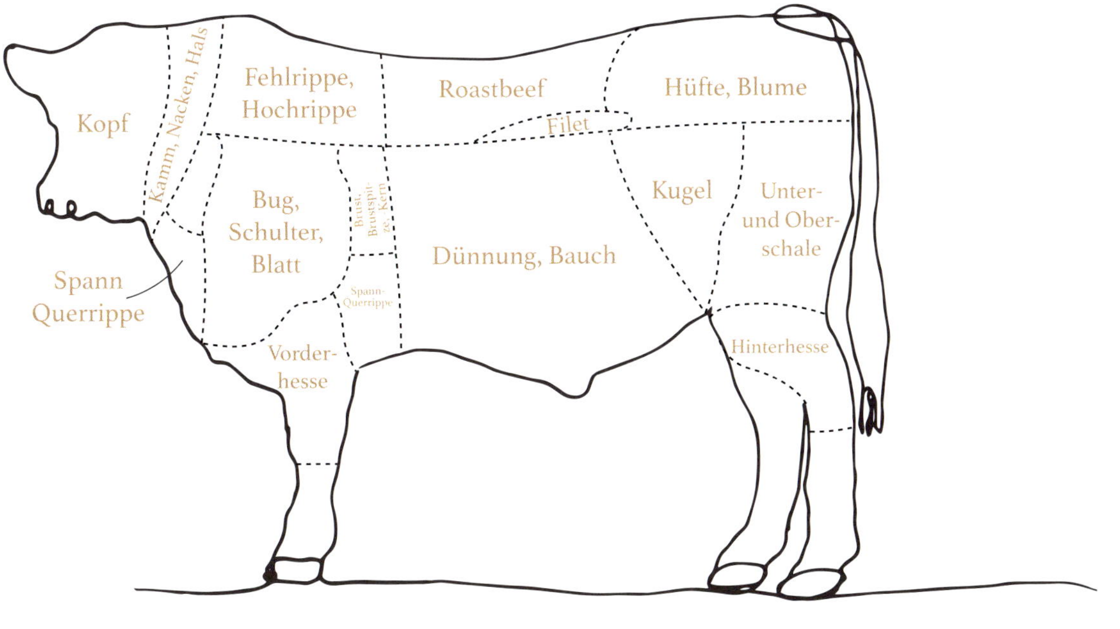

Almrindgulasch

Wärmendes für kalte Tage

ZUTATEN:

400 g Almrindfleisch, in Stücke geschnitten
1 große Zwiebel
1 Suppengemüse mit Sellerie, Lauch, Karotte und Petersilie
1 EL Tomatenmark
Paprikagewürz
Salz, Pfeffer
(Raps-)Öl zum Anbraten
2 Lorbeerblätter

ZUBEREITUNG:

Das Öl in der Pfanne erhitzen.
Die Zwiebeln würfeln und mit den Rindfleischstücken kräftig anbraten.
Das Suppengemüse in grobe Stücke schneiden, gemeinsam mit dem Tomatenmark in die Pfanne geben. Mit Salz, Pfeffer und Paprika würzen und alles noch einmal kurz anbraten.
Anschließend mit Wasser aufgießen und zwei Stunden köcheln lassen. Zum Köcheln können je nach Geschmack noch zwei Lorbeerblätter hinzugegeben werden.
Das Gulasch abschließend abschmecken und mit Knödel servieren.

Kampenwandbahn

Sie gehört zu Aschau wie das Schloss oder die Prien: Die Kampenwandbahn. Seit 1957 bringt die Seilbahn mit ihren kleinen bunten Vierer-Kabinen ihre Gäste bequem auf den Berg. Wie die Zukunft der Bahn aussieht, steht in den Sternen. Bis dahin geht es ganz gemütlich im Retro-Flair hoch hinauf.

Gehobene Kulinarik
in den Bergen

STUBN IN DER FRASDORFER HÜTTE

Wenn die warme Abendsonne die Lärchenschindeln der Frasdorfer Hütte in ihr goldenes Licht taucht, das Läuten der Kuhglocken über die weitläufigen Bergweiden hallt und der Wind durch rauschende Wälder streift, dann ist man angekommen, in der STUBN. Eine klassische Alm, wie die meisten Berghütten in den Chiemgauer Alpen, ist die Frasdorfer Hütte nicht mehr, und dennoch findet man auf dem Hochplateau unterhalb des Laubensteins ein Stückchen heile Welt.

Die STUBN ist ein Herzensprojekt vom Aschauer Ludwig von Cramer-Klett, dessen Familie Land und Hütte gehören. Er war es, der hier etwas Neues zum Leben erwecken, etwas Besonderes inmitten der Natur schaffen wollte. Mit Küchenchef Max hat er den passenden Mitstreiter gefunden. Heute ist die Frasdorfer Hütte ein Ort, an dem Tradition, Handwerk und Regionalität wieder Wertschätzung erfahren – neu interpretiert.

Wenn die Wanderer an der STUBN ankommen, haben sie bereits den wildromantischen Flusslauf der Ebnater Achen und die saftigen Almwiesen des Zellbodens genossen. Eine Stunde dauert der Aufstieg von der Lederstube etwa. Jeder einzelne der rund 300 Höhenmeter lohnt sich. Oben werden sie von einer modernen Alpenküche willkommen geheißen, die geografisch den ganzen Bogen umspannt: Bayern, Österreich, Slowenien, Italien, Frankreich. „Die Alpenküche ist vielseitig, kreativ. Die Südseite kocht anders als die Nordseite, der Osten anders als der Westen. Je nach Region sind die Vegetation, die Gesteine, der Boden unterschiedlich, da wachsen oft ganz andere Sachen. Das zu greifen, zu begreifen, das ist viel Arbeit, aber es ist unglaublich spannend, sich damit auseinanderzusetzen."

Der Funke, die Begeisterung springt sofort über. Wenn Max erzählt, wird seine Liebe zum Kochen, die Liebe zu hochwertigen, nachhaltigen, biologischen Zutaten nahezu greifbar. Sie sind für den Küchenchef der Schlüssel des STUBN-Konzeptes. Der Chiemgau ist für anspruchsvolle Köche wie ihn eine herrliche Schatzkammer. Der Fisch fangfrisch aus dem Chiemsee, das wunderbar duftende Sauerteigbrot von der Evi aus Frasdorf, das knackige Gemüse von den Feldern der Gärtnerei Jolling und aus dem eigenen Garten, das schmackhafte Fleisch von alten Kühen, die als Pensionsvieh auf der Alm gegenüber stehen, das feine Rotwild aus dem Revier der Familie Cramer-Klett. Die Zutatenliste ließe sich noch lange weiterführen. Eines haben alle Erzeuger gemeinsam: Sie teilen die gleiche Vorstellung von einem achtsamen Umgang mit der Natur.

Mit dem Wissen um die Qualität ihrer wertvollen Zutaten kreieren Max und sein Team eine weltoffene Alpenküche, die dem Rhythmus der Natur folgt. Was reif ist und geerntet wird, findet einen Platz auf der Speisekarte. Am Abend sind das dann etwa acht bis zehn Gerichte, die alle ein bis zwei Wochen wechseln. Gekocht wird vor den Augen der Gäste in einer offenen Küche. „Wir leben einen regenerativen Ansatz – sowohl in der Küche als auch mit allen Beteiligten, unseren Mitarbeitern und unseren Partnern. Uns sind eine langfristige Zusammenarbeit und gegenseitige Wertschätzung wichtig."

Es ist auch das, was Max sich von seinen Gästen wünscht. „Ich wünsche mir hier Gäste, die das wertschätzen, was wir machen", betont er. Manch einer komme zwar mit einer gewissen Skepsis auf den Berg, aber das sei auch in Ordnung. „Es ist ja das Schöne, dass es Vielfalt, Diversität auch am Berg geben darf. Dass man nicht überall eine Kas- oder Speckplatte bekommt, sondern auch mal etwas anderes auf den Teller landet." Eine gute Küche, wobei gut natürlich relativ ist. „Klar, da muss man erst einmal überzeugen. Aber das macht auch Spaß. Einfach weil wir wissen, wie viel Arbeit und wie viele gute Gedanken dahinter stecken." Und selbstredend muss nicht jedem alles taugen. Es ist nur wichtig zu wissen, warum man etwas tut. „Wir wollen damit ja etwas verändern." Und da sollte der ein oder andere auch einmal vor der eigenen Haustüre kehren und schauen, was man da besser machen kann.

Zur Philosophie des Küchenchefs zählt Hinterfragen. „Man sollte sich viel mehr informieren, sollte so viel mehr wissen, darüber, wo unser Essen herkommt, sich mit den Auswirkungen befassen, die unser Konsumverhalten hat. Man kann so viel verändern, Gutes bewirken, wenn man Lebensmittel bewusst kauft. Und das gilt nicht nur für uns Köche, sondern für jeden einzelnen." Der Gedanke, warum, wofür man etwas tut, ist für das STUBN-Team elementar – nicht nur in der Küche, sondern in allen Lebensbereichen. Und mindestens genauso wichtig ist, für diese Werte auch einzustehen und nicht immer den einfachsten Weg zu gehen. „Wenn ich zum Beispiel Zutaten, die auf dem Menu stehen, nicht in der Qualität bekomme, die ich mir wünsche, dann muss ich das ehrlich kommunizieren und dahinterstehen und nicht auf irgendwelche B-Ware zurückgreifen.", erklärt Max. „Und das eine solch hohe Qualität auch ihren Preis hat, ist klar. Da ist es unsere Pflicht, den Gästen das richtig zu vermitteln." Es geht darum, zu wissen, was man hat, das wertzuschätzen und damit auch die Region, die Menschen, mit denen man zusammenarbeitet und die einem am Herzen liegen, zu unterstützen.

Pläne für die Zukunft gibt es in der STUBN genügend. Zum Beispiel die eigene Landwirtschaft ausbauen, mehr Tiere auf die Alm bringen. „Aber dazu braucht es wieder Leute, die das mittragen. Ein eigener Garten, Tiere – das hört sich immer so romantisch an, aber es ist auch enorm viel Arbeit." Ein Thema, vor dem Max großen Respekt hat. Auch wenn es fast schon zu schön ist, zu wissen, wo alles herkommt, wie gute Erde riecht, wie köstlicher Käse entsteht. Noch so ein Wunsch: Vernetzung. „Es ist wichtig, dass wir uns untereinander stärker vernetzen, denn – und das merke ich jetzt schon mit den Erzeugern, mit denen wir zusammenarbeiten – man kann sich gegenseitig so sehr bereichern." Gemeinsam Gutes bewirken, eine Vision, die hier oben, inmitten der Chiemgauer Alpen wächst und gedeiht.

„Bei all den Ideen, all den Ansprüchen die man an sich und das Ganze hat, darf man das wichtigste aber nicht vergessen: Zeit", resümiert Max. „Sich Zeit geben und sich Zeit nehmen. Es muss nicht immer alles perfekt sein von Anfang an. Manches darf sich auch nach und nach entwickeln. Wir haben so viel Potenzial hier heroben, das ist eine Aufgabe für die Zukunft, die man da übernimmt. Eine Aufgabe, für die man sich Zeit nehmen muss. Und da muss man bei sich selbst anfangen, das wirklich umsetzen, danach leben. Es sich nicht nur einreden und gleichzeitig total verbissen sein. Denn alles braucht eben seine Zeit. Die Viecher, die Produkte, das Essen, das große Ganze." Recht hat er.

ZUBEREITUNG:

Für die Hasenöhrl die Zutaten zu einem geschmeidigen Teig kneten und mindestens eine Stunde im Kühlschrank ruhen lassen.
Anschließend ausrollen, rund ausstechen oder mit einem Messer zuschneiden und im Butterschmalz goldgelb ausbacken.
Das Weißkraut fein schneiden, mit Salz und Zucker würzen und gut mischen. Dann mit etwas Apfelessig und Öl abschmecken.
Für die gepickelte Senfsaat Wasser, Essig, Zucker und Salz in einem Topf aufkochen. Die gelbe Senfsaat in ein Bügelglas geben und mit der heißen Flüssigkeit übergießen. Fest verschließen und mindestens drei Tage im Kühlschrank ziehen lassen.
Die Blutwurst in der Pfanne oder im Topf warmziehen. Zum Servieren die Hasenöhrl mit dem Kraut, der Blutwurst, der Senfsaat sowie etwas Schmand anrichten.

Tipp: Die Senfsaat ist im Kühlschrank mindestens drei Monate haltbar. Als wahrer Alleskönner schmeckt sie beispielsweise auch toll zu gebratenem Grünkohl mit Apfelkraut.

Hasenöhrl mit Blutwurst

Tradition trifft Moderne

ZUTATEN:

Für die Hasenöhrl:

500 g Mehl Type 550
200 g Sauerrahm
2 Eier
80 g weiche Butter
1 Prise Salz
eventuell etwas Wasser
Butterschmalz zum Ausbacken

Für das Kraut:

1 Kopf Weißkraut
Salz, Zucker, Apfelessig und Öl zum Abschmecken

Für die Senfsaat:

500 g Wasser
500 g Essig
250 g Zucker
50 g Salz
100–200 g gelbe Senfsaat

Blutwurst (alternativ: Leberwurst oder vegetarisch mit Schmand)
Schmand zum Anrichten

Das Leben spüren

DANDL ALM

Spurlos geht die Zeit auf der Alm wohl an niemanden vorbei. Aber das soll sie ja auch nicht. Schließlich lassen sich die meisten Sennleute aus einem bestimmten Grund auf das Abenteuer Alm ein. „Oben auf der Alm zu sein, das ist ein Ausbrechen vom Alltag. Etwas, das für das emotionale Wohlbefinden absolut wichtig ist. Dort oben bin ich am meisten ich selbst. Dort kann ich spüren ‚Ja genau, so fühlt es sich an, ich zu sein, genau hier und jetzt.' Und das sind die Momente, die voller Magie stecken. Das sind die Momente, in denen dich das Almfieber packt."

Meist sind es junge Sennerinnen, die den Sommer auf der Dandl Alm unterhalb der Gurnwand verbringen – so wie Claudia, Franzi, Lea und Hannah. Die vier Frauen gehören der Generation an, die inmitten der Digitalisierung aufgewachsen ist. Die Generation, die schon von klein auf mit Handy, Internet und ständiger Erreichbarkeit konfrontiert wurde. Einen Kontrast zu diesem modernen Leben bietet für sie die Dandl Alm. Eine wunderbare Trilogie aus Weideflächen, Wald und Moor umrahmt die Hütte auf der fast ebenen Röthelmoos-Hochfläche westlich von Ruhpolding. Hier lässt sich wunderbar die Zeit vergessen. Über die verträumte Landschaft legt sich das Gefühl von Weite. Schauen, hören, genießen. Die Augen schließen und einfach sein. Den Frieden in den Bergen, die Ruhe in sich, die kann man hier finden.

„Sich selbst finden – so pathetisch das klingen mag, das geht hier wirklich. Auf der Alm entwickelst du in kürzester Zeit ein Gespür für dich selbst und für andere Menschen. Im Alltag unten im Tal, da wird man so von außen gelenkt, da muss man sich seiner selbst gar nicht mehr bewusst sein. Was du nicht weißt, das googelst du. Was du nicht kannst, das macht ein anderer für dich. Hier oben, da geht das nicht. Da musst du dich einfach ausprobieren, auf dich und deine Instinkte hören. Und dadurch bekommt man ein wahnsinniges Selbstbewusstsein – nicht nur im Auftreten nach Außen, sondern vor allem im Innen. Man lernt sich von einer ganz anderen Seite kennen. Schon allein deshalb, um dieser Erfahrung willen, ist es einen Almsommer wert."

Das Schönste auf der Dandl Alm sind für die Sennerinnen die Abende. Wenn die Tagesgäste längst weg sind, die Abendsonne das Röthelmoos in sein rotgoldenes Licht taucht und eine besondere Magie in der Luft liegt. Wenn man mal kurz runter zum See geht und ins erfrischende Wasser springt, einen Spaziergang unternimmt, um all die intensiven

Eindrücke zu verarbeiten, oder der Tag beim Ratschen und Stricken in der gemütlichen Stuben ausklingt. Ein Leben wie im Bilderbuch. Ein Leben, so wie es im Tal schon lange nicht mehr zelebriert wird.

„Den meisten Druck, den machen wir uns oft selbst. Wenn man kein Handy hat und jeder weiß das, dann ist das kein Problem. Wenn man jedoch ein Handy besitzt, dann hat man durch das bloße Vorhandensein irgendwie schon den Anspruch, erreichbar zu sein, zeitnah zu antworten, auf alles eine Lösung parat zu haben. Natürlich – in manchen Situationen ist das Handy schon sehr hilfreich, aber ich glaube, manchmal wäre es besser für uns, wenn wir keines hätten. Dadurch, dass wir hier kein Netz haben, sind wir mehr oder weniger dazu gezwungen, aufs Handy zu verzichten, aber wir haben uns auch bewusst darauf eingelassen. Da muss man dann halt auch einfach mal Dinge ausprobieren, sich den Herausforderungen stellen, ohne direkt im Internet zu recherchieren. Doch durch dieses Selbstmachen, weil wir eigene Erfahrungen sammeln, erleben wir hier so viele tolle Sachen, feiern so tolle Erfolge, auf die wir stolz sein können."

„Ja, hier lebst du jeden Tag deinen Tag. So wie du ihn dir gestaltest. Wenn viel los ist, dann bist du abends schon einmal ausgelaugt – aber eben nur körperlich, nicht psychisch. Das ist ein ganz großer Unterschied. Es ist ein positives Fertigsein. Etwas, das dich zufriedenstellt. Zuhause denkst du schon immer weit voraus – welche Termine stehen in den nächsten Tagen, Wochen an, was muss ich bis dahin alles erledigen. Und hier, da lebst du von Tag zu Tag. Bist viel mehr bei dir, viel mehr im Moment. Eins nach dem anderen. Man ist sich selbst und der Zeit gegenüber achtsamer. Vielleicht fühlt es sich deshalb auch so an, als wären wir schon ewig hier. Einfach, weil die Zeit spürbar langsamer vergeht, die Tage länger sind und man alles bewusst wahrnehmen kann, sodass

es sich wie eine kleine Ewigkeit anfühlt. Es ist eine wahnsinnig intensive Zeit. Obwohl wir so ab vom Schuss sind."

„Das Tolle heroben ist auch, dass, egal wer kommt oder selbst nur, wenn wir unter uns sind –, da kannst du dir sicher sein, dass vom Anfang bis zum Ende des Gesprächs jeder aktiv dabei ist. Keiner schaut währenddessen aufs Handy, keiner ist abgelenkt. Im Gegenteil: Jeder ist präsent im Hier und Jetzt. Und ohne Empfang, ohne Zeitung, ohne Fernsehen, da wird man glücklicherweise auch gar nicht mit so viel Negativem konfrontiert. Hier oben herrscht eine viel bessere Mentalität. Die Leute, die bei uns einkehren, die waren an der frischen Luft unterwegs, haben die herrliche Natur genossen, sind meist gut gelaunt und zufrieden. Das ist schon ein bisschen wie eine Blase, in der wir hier leben. Und wenn man darüber nachdenkt, dann ist es traurig, dass wir das Leben hier als Blase empfinden, weil eigentlich sollte es andersherum sein. Es sollte immer nur um das Wesentliche gehen, egal wo. Viele belächeln ja gerne, dass man in Deutschland noch immer nicht überall Empfang hat – aber ganz ehrlich: Wir sollten froh sein, wenn wir mal kein LTE haben!"

Entsprechend groß ist der Kontrast, wenn es wieder zurück geht, hinunter ins Tal, hinunter ins moderne Leben. „Die ersten Tage waren wirklich schlimm! Ich wohne mitten in der Stadt und war völlig überfordert. Der Verkehr, die vielen Leute, der Alltag, die ständige Erreichbarkeit – all das kann nach einem Sommer auf der Alm schon ziemlich erschlagend sein. Ich bin gerne in der Stadt, aber die Umstellung, das Ankommen, das dauert, obwohl man eigentlich nur eine kurze Zeit heroben ist. Man gewöhnt sich schnell an das Almleben. Und man nimmt total viel davon mit hinunter. Erinnert sich gerne an die Zeit und kommt immer wieder hierher zurück – wenn auch nur zu Besuch." „Für mich war das wirklich ein Schock, am Anfang wieder unten zu sein. Das Leben auf der Alm heroben, das ist wirklich ein Leben. Unten, da funktioniert jeder nur. Jeder erwartet etwas von dir, die Schnelligkeit nimmt stetig zu. Ich habe mein Leben schließlich komplett umgekrempelt. Bin umgezogen, habe meinen nächsten Almsommer vereinbart und auf mein Bauchgefühl gehört. Ich bin meinen Träumen gefolgt und habe meinen Weg gefunden. Den Weg, der sich gut für mich anfühlt. Ohne den Almsommer hätte ich diesen Schritt wahrscheinlich niemals gewagt."

Auch wenn andere nicht gleich alles infrage stellen, so holen sie sich zumindest einen Teil des Almlebens bewusst in den Alltag: „Wenn ich gestresst bin, wenn wieder alles so schnell geht, dann überlege ich, warum es mir auf der Alm so gut gegangen ist und warum es mir jetzt gerade nicht so gut geht. Und dann gestalte ich mir meinen Alltag bewusst mit den Dingen, die Balsam für meine Seele waren: Eine Weile ohne Handy, mehr Zeit draußen in der Natur. Kleine, wirkungsvolle Rituale."

Doch nicht alles lässt sich so einfach in das moderne Leben im Tal integrieren. „Auf der Alm, da bist du so zentriert. Da bist du einfach nur an diesem einen Platz. Und die Leute, die kommen zu dir. Zuhause, da bist du hier und dort, wuselst viel umeinander, bist nur am Erledigen. Dieses ständige Rennen von A nach B, das ständige Kommunizieren, das ständige Organisieren und Rechtfertigen, das sind absolute Stressfaktoren. Auch hier hast du deine Aufgaben, deine Arbeit, aber ich glaube, was dich hier erdet, ist, dass du an einem Ort bist. An einem Platz. Und jeder weiß, wo er dich findet."

Kaspressknödel

Zum Salat oder in der Suppen

ZUTATEN:

1 Zwiebel
1 EL Butter
250 g altbackene Semmeln oder Knödelbrot
200 ml heiße Milch
2 Eier
200 g Bergkäse
1 EL Petersilie
Salz, Pfeffer, Muskat
Öl zum Anbraten

ZUBEREITUNG:

Die Zwiebel fein hacken und in der Butter glasig dünsten. Anschließend die Semmeln mit der heißen Milch übergießen.
Die beiden Eier dazugeben und die Massen mit Salz, Pfeffer und Muskat würzen.
Anschließend die Petersilie fein hacken und untermischen.
Den Bergkäse in kleine Würfel schneiden oder reiben, ebenfalls dazu geben und die Masse etwas ziehen lassen.
Mit feuchten Händen kleine Knödel formen, etwas flach drücken und in der Pfanne mit Öl goldbraun anbraten.
Mit Salat oder als Einlage in einer klaren Suppe genießen.

3.9L

Von der Milli bis zum Kas Dandl Alm

Wie auf vielen Almen in den Chiemgauer Alpen können sich Wanderer und Mountainbiker auch auf der Dandl Alm mit kleinen almtypischen Schmankerln stärken. Die Speisekarte ist überschaubar, dennoch steht von Kaiserschmarrn bis zum Schnapserl alles darauf, was es typischerweise auf einer Alm gibt. Das Wichtigste: selbst gekäster Almkäse.

Das Kasn zählt auf der Dandl Alm zu den liebsten Aufgaben der Sennerinnen. „Leider machen das gar nicht mehr so viele. Zum einen haben viele der Bauern keine Milchkühe mehr auf der Alm, zum anderen braucht es auch den Platz und das Werkzeug. Und schließlich muss sich der Käse auch verkaufen – die viele Arbeit soll sich ja lohnen." Für die, die sich den Aufwand noch machen, gehört das Kasn zum Almleben einfach dazu. Etwa alle zwei bis drei Tage ist es auf der Dandl Alm so weit. „Das Kasn ist wirklich toll! Es dauert zwar lange – manchmal, wenn viel los war und wir erst später am Abend damit angefangen können, dann haben wir auch schon bis um zwölfe auf d'Nacht gekast – aber es ist einfach schön, die Zeit gemeinsam zu verbringen und entspannt vor sich hin zu kasen. Das ist fast schon wie ein meditatives Ritual für uns."

Die Herstellung von Käse ist einmalig, doch nicht nur sie: „Den eigenen Käse zu essen, das ist auch etwas ganz Besonderes. Vor allem, weil er jedes Mal ein bisschen anders schmeckt."

Das rührt daher, dass Käse in der Herstellung sehr anfällig ist – fast schon ein bisschen geheimnisvoll. Er reagiert empfindlich auf das Wetter, die Temperatur, die Luftfeuchtigkeit und auf Zugluft. Und auch die Milch spielt mit rein. „Es fängt schon damit an, was die Kühe gegessen haben und wie der Tag für sie so war", spekuliert die junge Sennerin und zieht sogleich ihr Fazit: „Wenn man all diese Faktoren zusammennimmt, dann finde ich, dass so ein Käse auch etwas kosten darf. Nicht nur auf der Alm, sondern auch unten im Geschäft. Das ist eine Wahnsinnsarbeit, die geschätzt werden sollte."

Die Milch, die auf der Dandl Alm verarbeitet wird, kommt vom benachbarten Almbauern, der seine Milchkühe im Sommer rund 15 Minuten Fußmarsch entfernt auf einer Alm hält. „Zweimal täglich fahren die Bauersleute von Oberwössen hier hoch, um die Kühe zu melken – ein anderer würde das heutzutage wohl nicht mehr machen. Viel zu zeitintensiv. Aber die beiden älteren Herrschaften, die sind so herzlich und machen das voller Liebe und Hingabe. Jede von den mehr als 20 Kühen hat ihren Namen, jede einzelne wird gestreichelt und jede bekommt die Zeit im Stall, die sie braucht." Etwas, das es in der schnelllebigen Zeit von heute kaum mehr gibt.

Die kurze Strecke zwischen den beiden Almen fahren die Sennerinnen der Dandl Alm meist mit dem Fahrrad. Auf dem Radlanhänger holen sie die frisch gefüllten Kannen ab, um die Milch anschließend auf ihrer Almhütte weiterzuverarbeiten. „Mit den eigenen Händen einen Käse herzustellen, ist etwas Einzigartiges. Zuerst hast du die flüssige Milch, die durch das Lab fest wird. Wenig später hat der Bruch schon eine Konsistenz wie Wackelpudding und irgendwann ist der Käse schließlich fest. Diese feinen Veränderungen mit den Händen zu spüren, bewusst wahrzunehmen, das ist absolut faszinierend!" „Schade ist es, dass die Molke oft weggeschüttet wird. Dabei, wenn man die probiert ... ich mag den leicht süßlichen Geschmack sehr gerne! Wenn man dann noch einen Löffel Marmelade reinmacht... mmmhhh... absolut himmlisch und so gesund! Oder ein Fußbad in der Molke – das ist wirklich irre! Die Molke wird viel zu oft unterschätzt. Dabei ist die so super!"

Dandl
Alm

Almkäse

Ein Hauch Alm auf dem Teller

ZUTATEN:

10 l Rohmilch
1 Becher Buttermilch oder Joghurt als Säure-Starter-Kultur
1 TL Lab aus der Käserei oder Apotheke

ZUBEREITUNG:

Die Rohmilch sowie die Buttermilch oder den Joghurt auf 38 °C erhitzen.
Mit einem Schneebesen das Lab gut unterrühren. Die Mischung etwa 30 Minuten oder länger stehen lassen.
Die gestockte Milch anschließend mit einem langen Messer zu Bruch schneiden.
Den Bruch mit dem Schneebesen weiter in etwa 1 Zentimeter große Würfel zerkleinern.
Die Molke, die oben auf schwimmt, abschöpfen, den Bruch in die Form geben und weiter abtropfen lassen.
Halbstündlich den Käse zum Beispiel mit Hilfe eines Schneidebretts drehen.
Die Masse über eine Dauer von etwa drei Stunden gut abtropfen lassen und kühl stellen.
Zum Schluss den Käse in Scheiben schneiden und nach Wunsch mit Kräuter und Öl einlegen.

GUNDERMANN

Wenige kennen ihn, obwohl er nahezu in jedem Garten und auch in der freien Natur wächst: Gundermann. Vielleicht liegt es daran, dass die wilde Pflanze recht klein und mit Ausnahme der Blütezeit auch eher unscheinbar ist. Für seine heilenden Kräfte wurde Gundermann, der auch Gundelrebe oder Erdefeu genannt wird, bereits von den Römern und Germanen geschätzt.

Erkennen & sammeln

Dem Gundermann begegnet man häufig an feuchten, nährstoffreichen Wald- und Wegrändern sowie auf Wiesen. Typisch für Gundermann ist seine kriechende Wuchsform. Lediglich während der Blütezeit wächst die Pflanze mit ihren aufrechten Trieben etwa 20 Zentimeter in die Höhe. Die runden Blätter sind paarweise angeordnet und am Rand leicht eingekerbt. Zwischen April und Juli schmückt sich der Gundermann mit zahlreichen blauvioletten Blütenkelchen. Die Ernte von jungen Trieben, Blättern und Blüten bietet sich ab Anfang Mai an.

Inhaltsstoffe & Wirkung

Bereits seit Jahrhunderten wird Gundermann als Heilpflanze verwendet. Er steckt voller Vitamin C, ätherischen Öle, Saponine und Gerbstoffe. Mit seinen wertvollen Inhaltsstoffen zieht Gundermann die menschlichen Blutgefäße zusammen, ist entzündungshemmend, schleimlösend und stoffwechselfördernd. Besonders bei langwierigen Krankheiten hilft Gundermann mit seinen heilenden Kräften.

Verarbeiten & genießen

Dressings, Salate, Butterbrote oder Suppen – all dies lässt sich mit jungen Trieben und Blättern des würzig-aromatischen Gundermann aufpeppen. Traditionell ist die „Wilde Petersilie“ auch eine wichtige Zutat der Gründonnerstagssuppe. Vor Kultivierung des Hopfens war Gundermann auch eine beliebte Bierwürze. Aber Vorsicht mit der Dosierung: Weniger ist beim würzigen, leicht scharfen Gundermann oft mehr. Ein süßes Highlight sind schokolierte Gundermannblätter. Sie schmecken dank ihres leichten Minz-/Lakritz-Aromas wie Pralinen von der Wiese.

LÖWENZAHN

Das wohl bekannteste Wildkraut ist Löwenzahn. Besonders Kinder haben die größte Freude daran, nach der Blüte die Schirmchen der Pusteblume fliegen zu lassen. Doch das Wildkraut fasziniert nicht nur die Kleinen: Als heimisches Superfood ist es auch in der Küche gefragt!

Erkennen & sammeln

Löwenzahn wächst nahezu überall. Schon früh im Jahr streckt die wilde Pflanze ihr zartes Grün der Sonne entgegen. Das Kraut lässt sich besonders leicht an seinen gezackten Blättern und den gelben Blüten erkennen, die sich im Frühsommer in flauschige Bälle verwandeln. Aus dem hohlen Blütenstängel tritt weißer Milchsaft aus. Faszinierend am Löwenzahn ist, dass man verschiedene Pflanzenteile zu unterschiedlichen Zeiten sammeln und nutzen kann. Besonders wichtig ist dabei der Zeitpunkt: Die Wurzel wird geerntet, bevor die Pflanze aus der Erde kommt, die Blätter, bevor sich die Blüte zeigt und die Blüte, sobald sie geöffnet ist.

Inhaltsstoffe & Wirkung

Für die meisten ist Löwenzahn nur Unkraut, doch was die wenigsten wissen: In der Pflanze stecken viele wertvolle Vitamine und Mineralstoffe wie Vitamin A und C sowie Magnesium, Kalium und Phosphor. Daneben regt Löwenzahn den Stoffwechsel an und ist gut für Leber und Nieren. Die leuchtenden Blüten erhellen das Gemüt – daher macht sich Löwenzahn auch gut in Pflegeprodukten für die Haut.

Verarbeiten & genießen

Junger Löwenzahn hat einen nussigen Geschmack und schmeckt wunderbar als Salat, Pesto oder Wildkräuter-Quiche. Aus den Blüten lässt sich Kräutersalz herstellen. Naschkatzen verarbeiten die Blüten zu veganem Löwenzahnhonig oder zu Löwenzahnmarmelade. Aus den Wurzeln der Pflanze lässt sich ein Kaffee-Ersatz herstellen. Außerdem kann Löwenzahn als Tee getrunken werden.

Bergblumen-Marmelade

Süßer Blütentraum

ZUTATEN:

250 g Bergblumenblüten (zum Beispiel Alpenveilchen, Gänseblümchen, Ehrenpreis, Gundermann, Löwenzahn)
0,5 l Wasser
600 g Gelierzucker 2:1
Saft einer Zitrone

ZUBEREITUNG:

Die Blüten vom Grün befreien und gut waschen. Eine Handvoll Blüten zur Seite legen.
Das Wasser aufkochen und die restlichen Blüten darin blanchieren.
Danach die Blüten abseihen und ausdrücken.
Den gewonnenen Saft abkühlen lassen und anschließend mit dem Gelierzucker und dem Saft einer Zitrone etwa fünf Minuten sprudelnd aufkochen.
Gläser zum Abfüllen bereitstellen. Die Böden der Gläser mit den zur Seite gelegten Blüten bedecken.
Anschließend die kochend heiße Marmelade in Gläser füllen und diese sofort verschließen.

Das Paradies auf Erden

BRANDLBERGALM

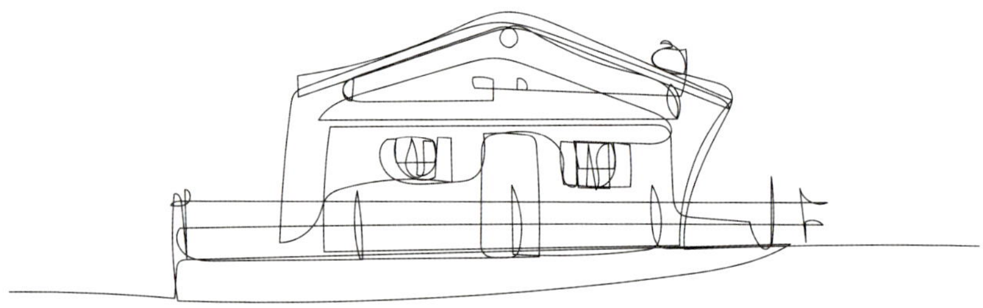

Wie die Jungfrau zum Kind, so kamen Paul und Waltraud zu ihrer Alm. Zugegeben: nicht ganz, aber fast. Gemeinsam mit ihrem Sohn Quirin und der Unterstützung von Freunden bewirtschaften sie in den Sommermonaten die Brandlbergalm am Spitzstein. Hier hat die Familie einen einzigartigen Ort für sich gefunden. Doch der Weg dahin war – wie auch der Aufstieg zur Alm – keineswegs geradlinig.

„Vielleicht muss man da ein bisschen weiter ausholen," beginnt Paul. „Denn die Frage lautet eigentlich nicht, wie wir zur Alm gekommen sind, sondern vielmehr, wie wir zur Landwirtschaft gekommen sind. Schon das unterscheidet uns von fast allen, die sonst eine Alm bewirtschaften." Denn bei ihnen steht kein Anwesen, kein Hof dahinter, der von Generation zu Generation weitergegeben wird. Zwar hatten in beiden Familien die Großeltern eine Landwirtschaft, die Eltern und schließlich auch sie selbst üb(t)en jedoch andere Berufe aus.

Der Funke, der das Feuer für die Landwirtschaft schließlich erneut entfachte, glühte vor allem in Paul. Waltraud und Quirin tragen das Unterfangen zwar zu jeder Zeit mit, die treibende Kraft jedoch war und ist er. „Schon seit Kindheitstagen habe ich eine unheimliche Affinität zu Tieren. Was als Jugendlicher mit ein paar Schafen angefangen hat, ist über die Jahre immer weiter gewachsen. Zu meinem 50. Geburtstag war es schließlich so weit: Nachdem nicht nur Waltraud, sondern auch meine Mitarbeiter aus dem Forstbetrieb geahnt haben, was mich wirklich glücklich macht, schenkten mir beide jeweils ein Kalb", lacht er. Der Einstieg in die Rinderhaltung. Wie es der Zufall so will, gab zur gleichen Zeit der Nachbar in Marquartstein die Landwirtschaft auf. So nutzt nun die Familie die benachbarten Ställe für ihre wachsende Schar an Tieren. Inzwischen zählen sie 30 Schafe, acht Rinder und drei Ziegen.

Doch Viecher allein machen keinen Almbauern. Der Traum von einer Alm hat zwar schon immer in ihnen geschlummert, „aber irgendwie war auch klar, dass das immer ein Traum bleiben wird", gesteht Waltraud. Doch plötzlich war da die Brandlbergalm. 1489 erstmals urkundlich erwähnt, wurde sie 1932 an den Staat verkauft. Seitdem ist sie eine Pachtalm der Bayerischen Staatsforsten – Pauls damaligem Arbeitgeber. Über seine Arbeit beim Forst in Ruhpolding war ihm die Alm seit vielen Jahren bekannt. Als er erfuhr, dass der letzte Pächter die Alm von Elementarereignissen gezeichnet aufgegeben hat, ergriff Paul die Chance und bewarb sich um die Pacht.

„Schon als Paul mit seinen Überlegungen ankam, die Alm zu pachten, haben wir uns alle die Frage gestellt: Was kommt da wohl auf uns zu?", erzählt Waltraud, und Quirin ergänzt: „Die anderen beiden waren schnell Feuer und Flamme, besonders auch wegen der einmaligen Lage. Ich hingegen war anfangs eher der Skeptiker, der sich das überhaupt nicht vorstellen konnte und vor allem die Arbeit gesehen hat." Nacheinander haben sie sich die Alm angesehen. Waltraud erlebte dabei ein unerwartetes Déjà-vu: „Auch wenn mir das anfangs nicht bewusst war, hatte ich schon einen Bezug zur Brandlbergalm. Vor vielen Jahren hat mich einmal eine Freundin hinaufgeführt, weil da so eine schöne Enzianblüte ist. Ich habe in meinem Leben schon viele Almen gesehen, aber bei dieser dachte ich damals schon ‚Boah - is die schee.', da kann ich mich noch genau daran erinnern. Und zehn Jahre später schaue ich mir unsere potenzielle Pachtalm an, um festzustellen, das es genau diese Alm ist. Vom Namen her hätte ich es niemals zuordnen können, aber im Nachhinein ist das schon ein lustiger Zufall, das es genau die Alm wurde, die sich bei mir so eingeprägt hatte."

Schließlich war die Entscheidung gefallen. Die Familie wagte das Abenteuer und pachtete die Alm. Ein Jahr galt es zu überbrücken. Ein Jahr, bis sich Paul in den Ruhestand verabschiedete und sich die Dinge sowieso ändern würden. Fürs Erste entschieden sie sich daher, die Bewirtschaftung der kleinen Alm an zwei Sennerinnen abzugeben. Gegen Ende des Almsommers wurde für Waltraud, Paul und Quirin jedoch immer klarer, dass sie es zukünftig selbst machen wollten. „Es ist zwar alles gut gelaufen, doch von der schönen Zeit, da haben wir einfach nichts mitbekommen. Denn du kannst es nicht auf der einen Seite abgeben und auf der anderen dann immer-

zu kommen und sagen ‚Hoppla, hier bin ich'. Nein. Zu diesem Zeitpunkt war es die Alm von den Dirndln."

Damit der Almsommer dennoch mit dem Leben im Tal vereinbar bleibt, haben sie sich für eine Aufteilung des Almsommers in drei Abschnitte entschieden. Ein Drittel des Sommers übernehmen zwei Freundinnen der Familie, die dafür sogar ihren gesamten Jahresurlaub beanspruchen, ein Drittel übernimmt Quirin und das letzte Drittel verbringen Waltraud und Paul auf der Alm. Eine Lösung, die sie fürs Erste so beibehalten möchten, denn: „Es war wunderbar!", schwärmt Waltraud. „Da nimmt man den Almsommer einfach noch einmal ganz anders wahr. Eine richtige Auszeit, inmitten der Natur. Jeder, der oben war, war am Schluss traurig, dass die Zeit vorbei war. Keiner wollte wieder runter." Und Paul ergänzt: „Ich habe ja daheim auch alles, aber mir geht es wirklich immer so, wenn ich oben bin. Mir fällt es jedes Mal schwer, das Runtergehen, auch wenn ich nur kurz zum Brennholz machen oder Zaunrichten oben war. Der Abschied ist jedes Mal wirklich ein kleiner Abschied – obwohl ich ja genau weiß, dass ich wieder komme."

In der Brandlbergalm steckt einfach eine große Menge Herzblut. Nachdem die Familie die Alm nach einem Lawinenwinter und einer kurzen Zeit des Leerstandes übernommen hatte, war anfangs viel zu richten. Etwas, das zwar die ein oder andere schlaflose Nacht brachte, sich im Nachhinein aber klar als Vorteil erwiesen hat. „Wir haben in dieser Zeit als Familie so viel gemeinsam gemacht, das hat uns unheimlich zusammengeschweißt. Auch unser Freundeskreis, auf den wir vertrauen und bauen durften, hat sich wirklich als solcher bewiesen. Mehrere hundert Arbeitsstunden haben wir im ersten Jahr neben unserem Alltag in die Alm investiert – und sie dadurch Stück für Stück zu unserer Alm gemacht.

Ohne die vielen Helfer hätten wir das nicht geschafft.“, ist sich Paul sicher und Waltraud fügt hinzu: „Aus der Alm ist ein tolles Gemeinschaftsprojekt geworden, das allen Spaß gemacht hat – und bei dem ein richtiger gemeinsamer Geist entstanden ist.“ „Heute haben wir eine tolle Mannschaft um uns herum“, ist Paul stolz, „und ich glaube, wir verbringen so vielleicht sogar mehr schöne Zeit gemeinsam, als man es sonst – ohne Alm – machen würde.“

Ein Wermutstropfen, den Paul, Waltraud und Quirin von Anfang an bewusst in Kauf genommen haben, ist die schwere Erreichbarkeit der Almhütte. Der Kaser steht auf 1 225 Metern, die Weidefläche reicht bis auf 1 400 Meter hinauf. Der Weg zur Brandlbergalm ist nicht nur sehr steil, sondern auch unheimlich eng. Vor- und Nachteil zugleich. „Dass die Alm nicht mit dem Auto erreichbar ist, macht sie zu dem, was sie ist“, beschreibt Quirin die Abgelegenheit und auch Paul ist einer Meinung. „Alles ist sehr einfach gehalten, an manchen Tagen kommt kein Mensch vorbei, man kann die nahezu unberührte Natur in vollen Zügen genießen – das ist toll. Aber gleichzeitig ist es auch ein wahnsinniger Aufwand. Dabei ist die Materialbringung mittlerweile gar nicht mehr das Problem. Beim Herrichten hatten wir ein paar Mal einen Hubschrauber im Einsatz und der Rest ist mit dem Quad recht gut möglich. Es ist vor allem der Auf- und Abtrieb der Tiere, was es zu einer riesengroßen Herausforderung macht.“

Das sichere Hinauf- und Hinunterbringen der Tiere ist auf der Brandlbergalm eine echte Erschwernis – und kaum mit anderen Almen in den Chiemgauer Alpen vergleichbar, denn die sind zumeist leicht zugänglich. „Wenn wirklich etwas ist, können wir eben nicht einfach mit dem Bulldog hochfahren und die Viecher holen. Oder an fünf Tagen hintereinander den Tierarzt kommen lassen. Das hast du den ganzen Sommer im Hinterkopf: Was ist, wenn da was passiert.“ Besonders, nachdem Paul beim ersten Abtrieb einen Unfall hatte, der ganz anders hätte ausgehen können, ist die Anspannung aller Familienmitglieder bei diesem Thema nach wie vor groß. „Das geht in Gedanken immer mit. Man hat noch mehr Respekt. Natürlich ist es so, das wir und auch die Viecher von Mal zu Mal besser werden, professioneller, dennoch sind Auf- und Abtrieb eine Belastung.“ Dieses Jahr sind sie es anders angegangen und wurden mit Erfolg belohnt. Alles ist gutgegangen, das Gefühl von Kontrolle, von Sicherheit wächst wieder. Dennoch mahnt Paul: „Man kann vieles lernen, sich vieles anlesen, anschauen, aber man muss auch immer seine Grenzen kennen. Jemand der das über Generationen hinweg mitbekommen hat, der ist meist einfach besser als der Quereinsteiger, da braucht man sich nichts vormachen.“

Die sehr extensive Beweidung über Jahrhunderte hinweg hat rund um die Brandlbergalm eine einzigartige Natur entstehen lassen, die aufmerksamen Beobachtern ihre kleinen und großen Wunder offenbart. Auch das Leben in der kleinen Almhütte schlägt im Takt der Natur. „Dort oben, da bist du endlich wieder Herr deiner Zeit. Du kannst den ganzen Tag in Ruhe vor dich hinarbeiten und hast am Schluss das Gefühl, es war einfach nur schön. Für mich ist es das Königreich auf Erden. So etwas bekommst du heutzutage nirgends anders mehr“, meint Paul und ergänzt: „Stress entsteht erst dann, wenn du nicht in deinem Takt bist, oder Leute kommen, die dich mit ihren Erwartungen aus dem Takt bringen, wenn das normale Leben an deine Tür klopft.“ „Oder wenn du so eine gspunnerte Goaß melken musst, die stattdessen lieber einen Handstand macht, das wahnsinnige Vieh“, lacht Waltraud. Doch eben diese Ziege war es, die die Alm diesen Sommer zur Alm gemacht hat, denn nachdem Quirin das eigenwillige Tier letztendlich doch in den Griff bekommen hat, wurde auf der Brandlbergalm aus der gewonnenen Ziegenmilch köstlicher Käse hergestellt. So wie es sich auf einer Alm eben gehört – zwar nur in ganz kleinem Umfang, aber dennoch. Bei den Gästen jedenfalls kam der hausgemachte Ziegenfrischkäse bestens an. Und eine lustige Geschichte zur störrischen Goaß gabs obendrein.

Spinatknödel
Knödel gehen immer!

ZUTATEN:

800 g Spinat
1 Knoblauchzehe
1 Zwiebel
etwas Butter
300 g Knödelbrot
250 ml Milch
2 Eier
Mehl
Semmelbrösel
Salz, Pfeffer, Muskat
Parmesan

ZUBEREITUNG:

Den frischen Spinat in Salzwasser kochen und anschließend klein schneiden.
Die Zwiebel und den Knoblauch ebenfalls fein hacken und gemeinsam mit dem Spinat in etwas Butter anschwitzen.
Für ein paar Minuten dünsten, anschließend auskühlen lassen.
Das Knödelbrot mit der Milch übergießen.
Die Eier sowie die Spinat-Mischung zum Knödelbrot geben.
Etwas Mehl und Semmelbrösel untermischen und die homogene Masse mit Salz, Pfeffer und Muskat würzen.
Noch einmal gut durchmischen und die Masse kurz ziehen lassen.
Schließlich Knödel formen und für 10 bis 15 Minuten im Salzwasser köcheln.
Währenddessen etwas Butter in einer Pfanne braun werden lassen.
Die fertigen Knödel mit der zerlassenen Butter übergießen und mit frisch geriebenem Parmesan servieren.

Mit Humor und Pragmatismus

RECHENBERGALM

Aussichtsreich entspannen – das können die Gäste der Rechenbergalm. Auf 1 160 Metern thront die Almhütte des Rinderzuchtverbands Traunstein hoch über dem Achental und eröffnet einen atemberaubenden Blick von Oberwössen bis zum Kaisergebirge. Doch nicht alle können in dieser traumhaften Idylle genießen: „Von dem schönen Sommer hier heroben hab ich eigentlich überhaupt nichts, außer einen Haufen Arbeit", stellt Hubert mit einem Augenzwinkern fest. Seit einigen Jahren ist die Rechenbergalm sein Refugium. Und auch wenn die Saisonarbeit harte Arbeit ist, so macht er es gerne.

Nahezu sein ganzes Arbeitsleben lang ist Hubert nun schon Senner – und das, obwohl er so etwas eigentlich gar nicht vorhatte. Wie so oft im Leben, war es der Zufall, der ihn zum Leben in den Bergen geführt hat. Zwar war er schon als Kind oft mit seinem Onkel auf der Alm und hatte die Idee des Almsommers immer im Hinterkopf, doch nie wirklich forciert. Als er seinen Onkel dann 2003 zur Almkirta auf die Jochbergalm begleitet, erfährt er, dass für den nächsten Sommer noch ein Senner gesucht wird. Nachdem er zunächst unschlüssig war, ob er es wirklich machen soll, sagt Hubert an Weihnachten schließlich zu. Dass es mehr als zehn Sommer auf der Jochbergalm werden würden, war ihm nicht klar. Doch dann ist er einfach geblieben. „Und jetzt sind es schon 17 Almsommer." 17 Sommer voller Begegnungen. „Viele, viele Begegnungen. Da könnte ich ein ganzes Buch mit füllen", schmunzelt Hubert. Kurze Geschichten, lange Geschichten. Geschichten von Mensch und Tier.

Seit 2018 ist er nun Senner auf der Rechenbergalm. Viel Herzblut und vor allem auch Arbeit hat er in die Alm gesteckt. Seit seinem ersten Almsommer hier erstrahlt die Rechenbergalm in neuem Glanz. Gemeinsam mit Helfern des Rinderzuchtverbands hat er damals den in die Jahre gekommenen Kaser hergerichtet und einen neuen Stall gebaut. Nicht nur der Verband, auch er selbst hat – von der Einrichtung bis zur Dekoration – viel in die Zukunft der Alm investiert. Nun hat er seinen Platz gefunden. „Und so schnell geh ich hier nicht mehr weg."

Zitronenkuchen
Eierlikörkuchen
Rotweinkuchen
St. 2,50
Hollerschorle selbstgemacht
0,5 ltr. 3,00
zum Dringa gibt's:
Milch o. Buttermilch 0,5 ltr. 2,50
Wasser " 2,50
Apfel-, rote Schorle
Limo, Spezi " 3,50
Radler " 3,50
Helles " 3,50
Weißbier " 4,-
" alkoholfrei " 4,-
Russenmaß 7,-
Stamperl Schnaps 2,-
zum Ess'n gibt's:
Speck-Kasbrot gem. 7,-
Speck- o. Kasbrot 7,-
Schmalzbrot 4,-
www.bergbauernmilch.de

Tiere versorgen, schwenden und handwerkliche Tätigkeiten, aber auch die Herstellung von Lebensmitteln und die Bewirtung von Gästen – der Beruf des Senners ist vielfältig. Welche Aufgaben Hubert am liebsten macht? „Auf d'Nacht, das Bettgehen, das ist mir am liebsten", lacht er. „Wenn ich so überlege, dann sind mir die Aufgaben am liebsten, bei denen ich draußen sein kann, die Tiere versorgen, an den Zäunen arbeiten, sowas." Bei 65 Stück Vieh fällt einiges an. Und was er gar nicht mag? „Kasn, das mag ich gar nicht. Und das schon seit 17 Jahren", gesteht er ehrlich mit einem kleinen Augenzwinkern. Denn das Kasn gehört eben auch dazu. „Wenn der Käse dann endlich fertig ist und vielleicht sogar noch schmeckt, dann ist da schon ein bisschen Stolz dabei", gibt er zu. Bis es sow eit ist, steht aber einiges an Arbeit an. Je nach Größe des Laibs braucht der Käse vier bis fünf Wochen, bis er vollständig gereift ist. Ganze 700 Kilogramm stellt Hubert während eines Almsommers etwa her. Das Besondere an seinem Käse? „Mein Käse geht wahnsinnig schnell", lacht er. „Da schlagen manche die Hände über den Kopf zusammen, wenn sie hören, wie ich meinen Käse mache. Aber solange das Ergebnis stimmt, warum nicht?" Pragmatisch, der Hubert. Zu den 700 Kilo Käse kommen noch gut 100 Kilo Butter. „Ich schimpfe die Leute immer, wenn sie ihre Butter nicht aufessen", erzählt er. Dass die Wertschätzung für auf der Alm hergestellte Lebensmittel fehlt, das ärgert ihn schon ein bisschen. „So etwas bekommt man häufig ja gar nicht mehr angeboten, den Aufwand macht sich ja kaum einer mehr. Ich frage dann schon immer: ‚Weißt du, wie viel Arbeit das ist?' Und die meisten essen dann auch auf", stellt er zufrieden fest.

Aber vom Viehhüten allein lebt es sich eben leider nicht. Die besondere Lage der Rechenbergalm mit ihrem steilen Südhang verhindert große wirtschaftliche Erfolge. Deshalb gehört – wie auf vielen anderen Almen auch – die Bewirtung von Gästen mittlerweile einfach dazu. „Man braucht nicht nur ein Auge fürs Vieh und etwas handwerkliches Geschick, man muss auch mit den Gästen zurechtkommen", betont Hubert. „Das muss man sich vorher überlegen, ob man das möchte. Ich kann nicht als Senner auf eine Alm gehen und dann die ganze Zeit zuwider sein, weil mich die Leute aufregen." Was einen guten Gastgeber seiner Meinung nach ausmacht? „Du musst reden mit den Leuten." Spätestens beim Bezahlen setzt sich Hubert kurz zu den Gästen und ratscht mit Ihnen. Erkundigt sich, wo sie her sind, wie lange sie hier Urlaub machen oder wo sie untergebracht sind. Hier und da entwickeln sich interessante Gespräche, oft aber auch nicht. Dennoch ist der kurze Austausch wichtig. „Es ist einfach ein Zeichen der Wertschätzung, dass man sich Zeit nimmt und Interesse zeigt. Mehr braucht es nicht und schon sind die Gäste glücklich und zufrieden."

Und am Abend, wenn die Gäste wieder unten im Tal sind und auf der Rechenbergalm die Ruhe einkehrt, dann ist auch der Hubert ziemlich glücklich und zufrieden.

AUS MEINER
ALMKÜCHE
ALMLEBEN

Kleiner Almwortschatz

ALM

Weideflächen in höheren Lagen, die mehr oder weniger weit vom Talanwesen entfernt sind und je nach Höhenlage für 80 bis 120 Weidetage im Jahr genutzt werden. Einteilung der Almen nach Rechtsstatus, Höhenlage, Viehgattung oder Almwirtschaft

SCHWENDEN

Beseitigen von Bodenbewuchs und Gehölzen auf den Almflächen, allerdings ohne dabei Wurzelstöcke zu entfernen

SENN, SENNER, SENNERIN

Almperson, die mit Milchwirtschaft zu tun hat, also die Milch zu Butter, Käse oder Topfen verarbeitet. Im Gegensatz dazu gibt es auf Almen auch Halter, Hüter oder Hirten.

AUFKRANZEN

Die Rinder für den Almabtrieb schmücken

BESTOSSEN

Wird auf eine Alm Vieh aufgetrieben, so wird dieser Vorgang als „bestoßen“ bezeichnet.

ALMRECHT

Üblicherweise wurde das Almrecht zusammen mit den Höfen übergeben. Es konnte aber auch verkauft und verpfändet werden.

FREMDVIEH

Auch Pensionsvieh, Zinsvieh oder Annehmvieh genannt. Auftrieb von nicht eigenem Vieh auf die Alm

HIEFL, HIEFE, HEINZE, HOANZL

Kleine zugespitzte Fichtenstangen mit Ästen, auf denen Heu getrocknet wird

HOAGARTEN, (ALM)HOAGASCHT, HEIMGARTEN

Gegenseitiger Besuch benachbarter Almleute am Abend nach getaner Arbeit. Früher wurde so auch die Versammlung von Almbauern, die gemeinsam eine Alm befahren haben, zur Beratung und Bestimmung des Almherrn genannt.

HOLLER

Holunder. Neben vielen Heuhütten steht noch heute ein Holunderbaum als Zeichen eines alten Volksglaubens, dass dieser Baum Sitz eines gut gesinnten Schutzgeistes sei.

KAIWE, KAIBI, KAIWI
Ein Kalb bis zu einem Alter von 12 Monaten

KOIM, KALBIN, KALM
Ein Rind, das älter als ein Jahr ist, aber noch nicht gekalbt hat oder ein das erste Mal trächtiges Rind

KOIMA
Ein zweijähriges Rind

KASER
Bezeichnung für eine Almhütte

LEITKUH
Alterfahrene Kuh, die beim Auf- und Abtrieb voran geht. Zudem führt die Leitkuh die Weideroute auf der Alm an.

MOLKE
Rückstand der Milch bei der Herstellung von Topfen oder Käse; auch Käsewasser genannt

TOPFEN
Aus saurer Magermilch hergestellter Quark

RÜAHMILLI
Bezeichnung für Buttermilch

SÖMMERN
Vieh im Sommer auf der Alm halten

VIEHGANGLN, KUAHGANGL
Treppenartige Ausbildung auf steilen Almflächen, verursacht durch den Weidegang der Rinder entlang der Höhenschichtlinie

Aus Liebe zur Landwirtschaft

STEINER
ALMENPASS
2022
Das Almpersonal
bitte nicht küssen!!
Kuchen
selbstgebacken:
Käse-Heidelbeer
Apfel-Schmand
Kirsch-Streusel
Schoko-Nuss-Kuchen
Linzer
3€

RACHLALM

Beinahe wäre es nichts geworden mit dem Sommer auf der Alm und der Landwirtschaft. Doch irgendwie sollte es wohl einfach so sein. Denn auch wenn Franz sich schon immer für den Beruf des Landwirts begeistern konnte, so hat er zunächst eine ‚zukunftssicherere' Lehre absolviert: Schreiner. Nach der Ausbildung zieht es ihn dann doch hinauf auf die Alm – ausprobieren kann man es ja, zumindest für einen Sommer. Als er erfährt, dass er die Alm in der Ramsau nicht allein bewirtschaften wird, hat er jedoch Bedenken und sagt ab. Denn als Neuling die Alm gemeinsam mit einer Sennerin bewirtschaften, die schon über 50 Almsommer erlebt hat, kann er sich anfangs nicht vorstellen. Jung und Alt – ob das gut geht? Nicht, dass es heißt ‚Das haben wir schon immer so gemacht', schließlich wollte Franz seine eigenen Erfahrungen machen. Letztendlich lässt er sich dann doch überzeugen. Einen Sommer – das geht schon irgendwie.

Rückblickend war sein erster Almsommer in der Ramsau für Franz der prägendste. Entgegen aller Befürchtungen hat er sich mit der alten Tante richtig gut vertragen: „Das war so narrisch. Das hat einfach so gut gepasst. Von ihr hab ich so viel gelernt!" Und fügt mit einem Augenzwinkern hinzu: „Auch über die ‚Preißn'." Das Wissen der älteren Generation hilft Franz noch heute oft weiter. „Natürlich muss man auch selbst seine Erfahrungen machen. Aber wenn man da ab und an etwas vorgreifen kann, dann ist man einfach schneller schlauer", stellt er fest. Und weil es so viel Spaß gemacht hat, folgte auf den ersten Almsommer gleich der zweite und schließlich doch noch eine landwirtschaftliche Lehre.

Seit 2020 ist er nun Senner auf der Rachlalm – eine der ersten Almen, die in den Chiemgauer Alpen den Almsommer einläuten. Schon Mitte April zieht es Franz hinauf in die Berge. Das geht natürlich nur, weil die Rachlalm auf gerade einmal 920 Metern liegt und der Frühling schon recht früh Einzug hält. In höheren Lagen gibt es zu dieser Zeit oft noch Schnee. Mit dem Almsommer verbindet Franz Freiheit und Glück, aber auch Anstrengung, denn es gibt immer viel zu tun. „Zeit für sich hat man in der Hochsaison heroben kaum. Es ist immer so ein Zwiespalt. Manchmal denke ich schon darüber nach, ob mir das hier eigentlich so gefällt." Einerseits gefällt ihm die Arbeit für und mit den Gästen. Auf der Rachlalm wird vieles selbst hergestellt. „Das ist mir auch besonders wichtig und man bekommt von den Leuten auch ganz viel wieder zurück, zum Beispiel wenn sie das gute Brot oder den leckeren

Brotzeit! 5m
Metzger 2,7km
Hühnerstall 45m
Kramerin 2,7km
Wäscheleine 5m
Dahoam 2,7 km
WC/ Abort 8m
zum Brunz'n

Do pfeifst da
Strap's

Echt. Gut.

Käse loben. Aber manchmal, da gibt es dann eben auch wieder Momente, da weiß man gar nicht, was man davon halten soll … aber das ist nicht so oft. Das Schöne überwiegt auf jeden Fall."

Hart, aber schön – das ist das Almleben für Franz. Als Mensch, der nicht immer andere um sich braucht und auch gut allein sein kann, genießt er das Leben in den Bergen. Ins Tal geht er nur ungern. „Am liebsten würde ich im Frühjahr hoch und erst im Herbst wieder runter. Unten zu sein, ist für mich stressig. Arbeiten muss ich heroben auch, aber eben anders. Es ist viel Arbeit, aber wann ich was mache und wie ich was mache, darin bin ich frei. Aber es hilft nicht, manchmal muss man eben einkaufen." Von unten geht ihm nichts ab, wenn er oben ist. Im Gegenteil: Es ist sogar ziemlich schön ohne Internet, ohne Technik. „Wenn du am Morgen aufstehst und die Sonne aufgeht, das ist einfach so narrisch schön." Neue Energie schenken ihm die wenigen Momente, wenn er etwas Zeit für sich hat – ganz früh am Morgen oder am späten Abend. Selten, aber es reicht. „Wenn du dich kurz hinsetzt und bewusst den Sonnenaufgang oder Sonnenuntergang anschaust. Das gibt dir wieder richtig einen Schub und Kraft."

Bis zu 55 Jungkühe, drei Kühe, elf Hühner und zwei Katzen leben in diesem Sommer auf der Rachlalm – so viele, wie schon lange nicht mehr. „Mir ist das sehr wichtig mit den Kühen. Ich bin halt schon etwas ‚viecherdamisch'", lacht er und fügt an: „Eigentlich – so laut darf ich das gar nicht sagen – ist eine Alm ohne Viecher für mich keine Alm." Ein Thema, das ihn beschäftigt. „Obwohl die Almwirtschaft, die Kulturlandschaft, die Traditionen ja erst durch die Tiere und die Viehhaltung in den Bergen entstanden sind, geht das besonders auch bei uns in der Region nach und nach verloren. Es sind nur noch wenige Almen, die Milchkühe halten. Das finde ich sehr schade."

Seine drei ‚Damen' hat Franz erst dieses Jahr gekauft. Jeden zweiten Tag verarbeiten er und seine beiden Helferinnen etwa 120 Liter Milch. Butter, Buttermilch, Joghurt, Frischkäse, eingelegter Käse, Münsterländer – alles wird selbstgemacht. „Ich finde es so spannend, wie aus der flüssigen Milch mit etwas Lab ein fester Käse entsteht. Es ist immer wieder aufs Neue faszinierend. Und dann, wenn der Käse gereift ist und du den anschneidest und es kommt etwas Gescheites dabei raus – das begeistert mich total!" Auch wenn er sehr selbstkritisch ist, was den Genuss angeht. „Für mich müssen es oft einfach 110 Prozent sein, da hab ich schon hohe Ansprüche. Wenn es mich dann einmal fuchst, dann finde ich das nicht so toll. Fantastisch ist es dann, wenn etwas richtig Gutes dabei rauskommt."

Seinen Ehrgeiz und sein Herzblut spürt man an so vielen Stellen auf der Alm. Die Brotzeitplatten, auf denen die selbst gemachten Köstlichkeiten mit viel Liebe zum Detail angerichtet werden, oder an den Holzarbeiten rund um die Alm, wo sich das Schreinerhandwerk zeigt.

Fragt man ihn nach der Zukunft, so muss sich laut Franz nicht so viel ändern. Ganz zufrieden ist er mit dem, wie es ist. Doch zehn Almsommer sollten es schon werden. Daneben bleibt noch ein Traum offen: „Wenn ich könnte, einmal noch ins Allgäu oder in die Schweiz zum Kasn – das wärs. Aber das geht halt jetzt gerade nicht so einfach, schließlich habe ich hier eine Verantwortung." Doch wer weiß, vielleicht geht der Wunsch ja irgendwann doch in Erfüllung.

Käsekuchen mit Heidelbeeren

Sommerlicher Genuss

ZUTATEN:

Für den Mürbeteig:

200 g Weizenmehl
120 g kalte Butter
120 g Zucker
1 Ei
1 TL Backpulver
1 Prise Salz

Für den Belag:

750 g Topfen
100 g Zucker
2 Eier
1 TL Vanillezucker
1 TL Orangenzucker
120 ml Milch
60 ml neutrales Öl
30 g Speisestärke
ca. 150 g Heidelbeeren

ZUBEREITUNG:

Für den Mürbeteig die Butter in Stücke schneiden und mit den restlichen Zutaten zügig zu einem glatten Teig kneten.
Den Teig ausrollen und den Boden der Springform (Durchmesser ca. 28 cm) damit auskleiden.
Den Rand der Form mit etwas Butter fetten.
Für den Belag Zucker, Eier, Vanillezucker und Orangenzucker schaumig schlagen.
Den Topfen, Milch, Öl und Stärke zugeben und zu einer glatten Masse verrühren.
Die Quarkmasse auf den Teig in die Springform geben und anschließend die Heidelbeeren gleichmäßig darauf verteilen.
Den Kuchen auf mittlerer Schiene bei 160 bis 180 °C für etwa 45 bis 60 Minuten backen.
Falls der Kuchen beim Backen zu schnell braun wird, mit etwas Backpapier abdecken.
Vor dem Servieren mit Puderzucker bestreuen.

Eheleben auf der Alm

ZENZ-ALM

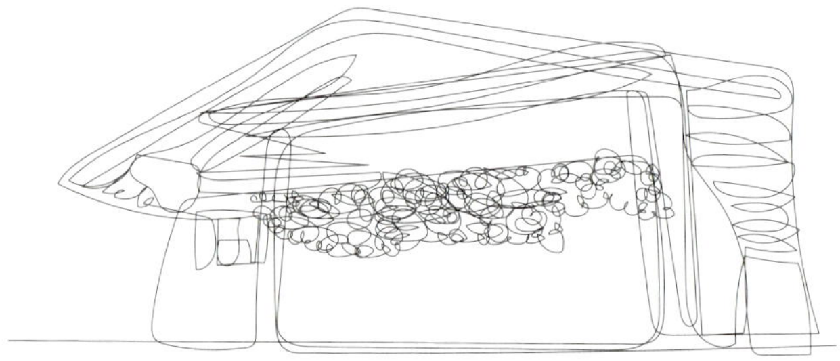

Als Ehepaar gemeinsam eine Alm bewirtschaften – für manch eine Ehe mag das eine große Herausforderung sein. Lisa und Hubert meistern diese seit vielen Jahren als gut eingespieltes Team. Gemeinsam bewirtschaften sie die Zenz-Alm, die seit Generationen im Besitz von Lisas Familie ist. Die beiden haben sich bewusst dazu entschieden, die Alm selbst zu bewirtschaften – und nicht wie viele andere Almbauern mit der Unterstützung von Sennleuten.

Doch wie ist das so, gemeinsam mit dem Partner auf der Alm? Den ganzen Sommer lang auf engstem Raum, viel Arbeit, wenig Privatleben. Und wie funktioniert das als Familie? „Als die Kinder noch klein waren, haben wir uns immer abgewechselt. Einer auf der Alm, der andere im Tal. Und am Wochenende waren wir natürlich alle oben, die ganze Familie", klärt Lisa auf und Hubert fügt hinzu: „Wenn die Kinder heroben sind, das ist immer noch die schönste Zeit, auch wenn sie jetzt schon erwachsen sind."

„Wir müssen Hand in Hand arbeiten, müssen uns ergänzen, uns aufeinander verlassen können." Ja, es ist eine intensive Zeit, die vier gemeinsamen Monate auf der Alm, aber vor allem auch eine schöne Zeit. Wichtig sei auch, dass jeder sich in jedem Aufgabenbereich auskennt und man sich gegenseitig ersetzen könnte. Die Doppelbelastung durch den Hof im Tal und der Alm am Berg ist nur gemeinsam machbar. Denn auch wenn sich im Sommer das Familienleben auf der Alm abspielt, so ruht die Arbeit auf dem Hof natürlich nicht vollständig. Zum Heu machen oder Silieren beispielsweise, macht sich Hubert auf den Weg ins Tal. Lisas Fazit: „Man freut sich jedes Jahr aufs Neue auf den Almsommer, aber man freut sich auch aufs Ende, darauf, dass jeder wieder mehr Luft für sich hat, mehr Freiräume."

Den Rhythmus geben auf der Alm die Tiere vor – etwas, das Lisa und Hubert beide schätzen. „Es gibt dem Tag einen Rahmen. In der Früh und auf d'Nacht kümmern wir uns um die Tiere. Für uns ist das Arbeit, bei der wir abschalten können, bei der wir für uns sein können." Tagsüber hingegen wird die Alm bewirtschaftet. An sieben Tagen die Woche, ohne Ruhetag. Um die Kühe müsse man sich ja sowieso täglich kümmern, warum dann nicht auch um die Gäste. „Und schließlich wir müssen ja auch davon leben, das ist unser Standbein im Sommer, die Alm."

Besonders an Schön-Wetter-Tagen herrscht oft ziemlicher Trubel. Dank der Mautstraße ist der Kaser auf der Winklmoosalm auch für diejenigen gut erreichbar, die nicht so gut zu Fuß unterwegs sind. So sind auch viele Familien und Senioren Gäste auf der Zenz-Alm. Die Bewirtung übernehmen Lisa und Hubert zwar sehr gerne – schließlich sind sie es auch gewesen, die auf der Zenz-Alm überhaupt erst mit der almüblichen Bewirtschaftung angefangen haben – dennoch wissen die beiden die Ruhe der frühen Morgen und späten Abende zu schätzen. All die Generationen vor ihnen haben die Alm zwar landwirtschaftlich betrieben, aber keine Gäste bewirtet.

Jeden zweiten Tag stellen Lisa und Hubert Schnittkäse her, dazwischen auch immer wieder Frischkäse und Buttermilch. Die gesamte Milch, die auf der Alm gewonnen wird, wird vor Ort verarbeitet. Die eigenen Produkte sind es auch, die die Zenz-Alm von den anderen gastronomischen Betrieben auf der Winklmoosalm abhebt und für besonderen Genuss sorgen.

Ein wenig oberhalb der Zenz-Alm steht zwischen den genüsslich grasenden Kühen eine kleine Marienkapelle. Fast unscheinbar fügt sich das hübsche Kirchlein in die einmalige Kulisse ein. Hier und da schaut ein Wanderer hinein, ansonsten ist die 1905 erbaute Kapelle ein ruhiges, beschauliches Plätzchen. Doch einmal im Jahr, genauer gesagt am 15. August, wird das Kirchlein zum Anziehungspunkt von Hunderten von Menschen. Dann, an Maria Himmelfahrt, feiern die Winklmooser Almbauern mit einer Bergmesse ihre Almkirchweih. „Das ist für uns immer ein besonderes Ereignis“, erzählt Lisa. „Wenn unter freiem Himmel ein Gottesdienst stattfindet und die Alphornklänge über die Weite der Hochalm hallen, das hat schon was. Es ist schön, gemeinsam mit den anderen Almleuten, den

Nachbarn und den Gästen diesen Festtag zu feiern.“

Traditionell werden zu Maria Himmelfahrt auch Kräuterbuschen geweiht, die jede Alm mit viel Hingabe eigens dafür anfertigt. Gebunden werden die bunten Sträuße aus mindestens sieben Kräutern, die um die Alm herum gedeihen. Gerade im August, wo viele der Pflanzen in Blüte stehen, gibt der Kräuterbuschen ein herrliches Bild ab. Das Brauchtum der Kräuterweihe geht im Alpenraum bis in das 9. Jahrhundert zurück. Der geweihte Kräuterbuschen wurde zum Schutz vor Blitzschlag und Hagel in Haus und Scheune aufgehängt. Gleichzeitig dienten sie als Hausapotheke der Leute. Man bereitete Tees aus den Kräutern, räucherte damit und mischte sie dem Vieh ins Futter.

Nach der Almkirchweih ist es nicht mehr lange bis zum Ende des Almsommers auf der Zenz-Alm. Im September geht es für Lisa, Hubert und ihre Tiere zurück ins Tal. Ganz still wird es auf der Winklmoosalm dennoch nicht. Von Oktober bis Mai kann die Hütte wochenweise als Urlaubsdomizil gemietet werden. Während Lisa und Hubert dann auf dem Hof alles abarbeiten, was im Sommer liegengeblieben ist, können ihre Gäste den traumhaften Winter inmitten der Chiemgauer Berge genießen.

Winklmoosalm

Zwischen Dürrnbachhorn und Steinplatte erstreckt sich auf etwa 1 200 Metern ein besonders Almgebiet: die Winklmoosalm. Herrliche Wanderwege ziehen sich durch die weitläufige Natur des Hochplateaus, grasende Kühe und galoppierende Pferde bevölkern die Bergwiesen, urige Almen und Hütten laden zur Einkehr. Doch der wohl berühmteste Ortsteil von Reit im Winkl hat noch mehr zu bieten: Bei Einbruch der Nacht zieht die Besucher ein atemberaubender Sternenhimmel in den Bann. Nicht umsonst ist die Winklmoosalm der erste offizielle Sternenpark in den Alpen.

REIT IM WINKL
Loipen & Wanderwege
ACHTUNG WEIDETIERE
Bitte Abstand halten!

Bergkräuter-Tee

Sammeln und genießen

ZUTATEN:

Verschiedene essbare Kräuter und Blüten, zum Beispiel:

- Brennnesseln
- Spitzwegerich
- Gänseblümchen
- Gundermann
- Löwenzahn
- Huflattich
- Hollunderblüten
- Lindenblüten
- Johanniskraut
- Quendel
- Salbei
- Pfefferminze
- Melisse

ZUBEREITUNG:

Die Kräuter sammeln, waschen, mit einem Tuch gründlich vom Wasser befreien und in kleinen Bündeln kopfüber an einem möglichst dunklen Ort zum Trocken aufhängen. Anschließend die getrockneten Kräuter leicht zerbröseln und entweder gemischt oder einzeln in einer trockenen, lichtgeschützten Dose aufbewahren.
Für eine Tasse Tee ein Edelstahlsieb oder einen Stoffteebeutel mit den gewünschten Kräutern oder Blüten füllen und mit kochend heißem Wasser überbrühen.
Als Orientierung gilt zwei bis vier Teelöffel getrocknete Kräuter auf einen Liter Wasser.
Den Tee für etwa zehn Minuten ziehen lassen.

SPITZWEGERICH

Der König der Wege, der Spitzwegerich, ist heutzutage nahezu überall auf der Welt zu finden. Kein Wunder, denn das wilde Kraut ist vielseitig nutzbar.

Erkennen & sammeln

Der Spitzwegerich taucht schon zu Beginn des Frühjahrs an Wegrändern und auf Wiesen auf. Als sogenannte Zeigerpflanze weist er auf einen nährstoffreichen Boden hin. Dank seiner langen, schmalen Blätter, die wie Lanzen aus dem Boden schießen, ist das Wildkraut leicht zu erkennen. Verwechslungsgefahr besteht lediglich mit anderen Wegericharten, die allerdings ebenfalls essbar sind. Die kleinen, länglichen Blüten sitzen am Ende eines langen Stängels. Spitzwegerich lässt sich das ganze Jahr über sammeln, die Hauptzeit ist jedoch zwischen Mai und September.

Inhaltsstoffe & Wirkung

Spitzwegerich steckt voller Mineralstoffe, Gerbstoffe, Vitamin C und Aucubin. So schützt die alte Heilpflanze bestens gegen Viren und Bakterien. Dank seiner schleimlösenden Wirkstoffe hilft er zudem bei Husten und Erkältung. Daneben lindert Spitzwegerich juckende Mückenstiche und fördert die Wundheilung. Letzteres ist besonders praktisch, wenn man sich in der Natur verletzt. Einfach ein paar Blätter zerkauen, auf die Wunde legen und mit einem frischen Blatt abdecken.

Verarbeiten & genießen

Die Blütenknospen des Spitzwegerich schmecken roh und gedünstet nach Pilzen und geben beispielsweise einem Risotto eine besondere Note. Als Alternative zu frischem Gemüse können auch die Blätter verwendet werden. Mit ihrem herben, würzigen Geschmack machen sich die rohen Blätter gut im Sommersalat oder runden Frischkäse und Kräuterquark gekonnt ab. Gekocht passt der Spitzwegerich in Suppen oder als Beilage ähnlich wie Spinat.

SAUERAMPFER

Der Sauerampfer aus der Familie der Knöterichgewächse zählt zu den klassischen Frühlingskräutern. Das Wildkraut hat eine lange Tradition: Schon bei den Römern und Ägyptern war Sauerampfer als Heil- und Speisekraut bekannt.

Erkennen & sammeln

Die krautig wachsende Pflanze mit ihren langen, pfeilförmigen Blättern wächst auf Weiden, Wiesen und an Wegrändern. Zwischen Mai und Juli schmückt sich der Sauerampfer mit kleinen Blüten, aus denen sich rote Fruchtstände entwickeln. Die Erntezeit des Sauerampfer beginnt im April und endet – wie beim Rhabarber – mit dem 24. Juni, denn dann nimmt in den Blättern die Konzentration der Oxalsäure zu und macht das Wildkraut unangenehm im Geschmack. Einen Hinweis auf den Oxalsäuregehalt liefern die Blätter: Während die jungen, grünen Blätter genießbar sind, sind die rötlich gefärbten Blätter bitter und nur noch bedingt essbar.

Inhaltsstoffe & Wirkung

Schon in der Antike wurde der Sauerampfer als Nahrungsmittel gegen Vitamin- und Mineralstoffmangel geschätzt. Die wilde Pflanze enthält neben Vitamin C auch ausreichend Vitamin B1, B2, B6 und E sowie Eisen, Kalium, Bitterstoffe und Gerbstoffe. So kann Sauerampfer den Appetit anregen und die Verdauung fördern. Als Heilkraut werden dem Sauerampfer auch blut- und hautreinigende Kräfte zugeschrieben.

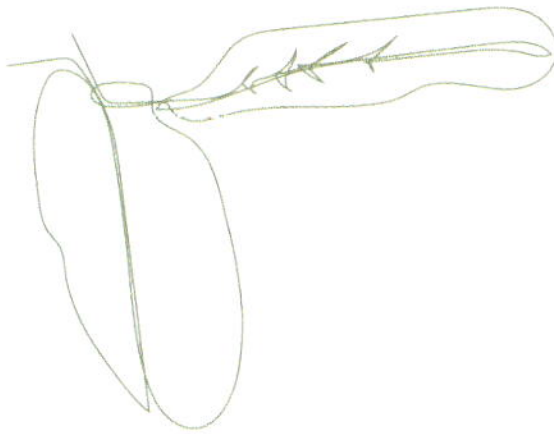

Verarbeiten & genießen

Mit ihrem frischen, leicht säuerlichen Geschmack fügen sich vor allem die jungen Blätter des Sauerampfer in viele Gerichte gut ein. Das Wildgemüse verfeinert nicht nur Suppen, Salate, Quark und Butter, sondern kann in Rezepten auch Zitrone oder Essig ersetzen. Durch die säuerliche Note passt Sauerampfer auch hervorragend zu Fisch. Außerdem ist er eines der sieben Kräuter der Frankfurter Grünen Soße. Der Sauerampfer sollte nur in Maßen roh gegessen werden, da die Blätter Oxalsäure enthalten, welche beim Kochen jedoch größtenteils zerfällt.

KRA

Kunstvolle Farbenpracht

Vordere Dalsenalm

Der 15. August ist für die Chiemgauer Almbauern ein besonderer Tag. Mit dem Fest Maria Himmelfahrt beginnen auf den Almen nach altem Brauch die Vorbereitungen für den nahenden Almabtrieb. Nur noch wenige Wochen bleiben die Kühe auf den kräuterreichen Bergweiden, ehe sie für den kalten Winter zurück ins Tal getrieben werden.

„So platt der Spruch auch klingen mag, er stimmt einfach: Vorfreude ist die schönste Freude“, erklärt Simon. Für die nächsten Wochen ist das Kranzen ein fester Bestandteil des Almlebens – und einer der schönsten noch dazu. Viele Tage und Abende verbringt er mit seinen Helfern beim Anfertigen des spektakulären Kopfschmuckes auf der Alm. In geduldiger, mühevoller Handarbeit und mit viel Liebe zum Detail entstehen einzigartige Kunstwerke, mit denen das Vieh am Ende eines gelungenen Almsommers den Weg zurück in die heimischen Ställe antritt.

Während in anderen Regionen oft nur die Leitkuh aufwändig gekranzt wird, erhalten auf der Dalsenalm alle Tiere einen farbenprächtigen Schmuck aus Almrausch, Latschenkiefer und bunten Bändern sowie Kränzen, Kreuzen und Larven. Obligatorisch sind auch die verschieden klingenden Glocken, die jedem Tier umgehängt werden und – ebenso wie der Almschmuck – auf dem Weg hinunter vor bösen Geistern schützen sollen. Angelegt wird der majestätische Schmuck allerdings nur, wenn Herde und Sennleute die Zeit in den Bergen unbeschadet überstanden haben.

Seit Jahrhunderten steht die Almwirtschaft für Familienzusammenhalt, Kultur und Tradition. Und ohne die tatkräftige Unterstützung der Familie würde es auch auf dem Feichtnkaser der Vorderen Dalsenalm nicht gehen – schließlich hat Simon noch einen ganz normalen Beruf unten im Tal. Über die Jahre hinweg hat sich die heutige Aufgabenverteilung beim Kranzen etabliert. Jeder hat seine Tätigkeiten, jeder hat seinen Platz.

Simons größte Hilfe ist zweifelsohne seine Mutter. Ohne ihr großes Engagement, vor allem beim Kranzen, wäre der Almabtrieb lange nicht das, was er heute ist. So liegt alles, was mit Almrausch gebunden wird, in ihrer Hand. Die in kraftvollem Purpur blühende Alpenpflanze ist für viele Menschen ein Inbegriff der alpinen Natur und so darf sie auch beim Almabtrieb nicht fehlen. Gemeinsam mit seinen Eltern und zwei Bekannten macht sich Simon jedes Jahr auf zum ‚Schowobrucka‘ – dem mühseligen Pflücken des Almrausches. Aus den kleinen Büscheln bindet Simons Mutter dann in unzähligen Stunden die wunderschönen Kränze und Kreuze. Und sie ist es auch, die mit Simon die Krone bindet – das mit Abstand wichtigste und größte Schmuckstück, das zum Abtrieb das Haupt der Leitkuh krönt. Ein langwieriges Unterfangen. Das Krepppapier wird in unzähligen Arbeitsstunden gefaltet, eingeschnitten, gedreht und Stück für Stück festgedrahtet.

„Ohne die unglaubliche Hilfe meiner Mam, die mir in dieser Zeit so sehr unter die Arme greift, könnten wir den Almabtrieb niemals so festlich begehen", ist sich Simon sicher. „Und auch ohne die Unterstützung vom Bab (Papa), der rund um die Hütte alles herrichtet und weiß, wo es die besten Latschen gibt, ohne meine Brüder Hubert und Peter, die bei allem dabei sind, ohne die Familie würde es niemals gehen." Denn auch, wenn über allem noch immer die Eltern stehen, so ist er derjenige, der sich federführend um alles kümmert, was mit der Alm zu tun hat. Und ihm ist es unheimlich wichtig, dass der Almsommer und damit auch das Kranzen und der Abtrieb richtig zelebriert werden.

Räsein für Räsein wird mit viel Fingerspitzengefühl ein kleines Kunstwerk geschaffen. Es wird so lange gezupft und gezogen, bis jedes einzelne Detail perfekt sitzt. „Ich finde, erst beim Kranzen kommst du wirklich oben an. Da wirst du eins mit dem puren Almleben. Wenn du vor der Hütte sitzt, neben dir der Bach rauscht und die Glocken klingen, du jedes Räsein einzeln bindest und dabei spürst, wie die Kälber die Nähe zur Hütten suchen, da tauchst du voll in dieses Leben ein. Das ist eine wunderschöne, meditative Tätigkeit – auch wenn brutal viel Arbeit dahinter steckt." Bei jedem Räsein, das er bindet, sieht Simon in Gedanken schon den fertigen Buschen vor sich, wie er oben auf seinem Vieh thront. Blüte für Blüte arbeitet er voller Vorfreude auf den

für ihn wichtigsten Tag des Jahres hin – den Almabtrieb.

Ein besonderer Meilenstein auf dem Weg dahin ist der Tag, an dem die Wipfelbäume ausgesucht und mit hunderten bunten Bändern geschmückt werden. „Wenn ich die Bäume hole, dann stehe ich da mitten im Wald und schaue jeden Baum genau an. Denn der muss einfach passen. Wenn da ein Ast nicht ganz recht ist, dann kann ich den nicht nehmen“, erklärt Simon. Auch wenn es manchmal vielleicht etwas länger gedauert hat – bisher ist er zum Glück immer fündig geworden. „Und später dann sitzt man zu siebt, zu acht bei Kaffee und Kuchen in der Almstuben – die einen schneiden, die anderen drahten – und Seite an Seite entsteht etwas Großes. Tanten, Cousinen, selbst die Oma hilft an diesem Tag mit. Das sind Tage, die du sonst nirgends hast. Die verbindest du mit so viel Glück, die erfüllen dich so mit Freude. Und das sind auch Tage, die die Leute zusammenbringen, an denen du so eine starke Gemeinschaft spürst.“

Einer, der bei diesen ganzen Vorbereitungen nicht von Simons Seite wegzudenken ist: sein bester Freund Simon. Die jungen Männer verbindet nicht nur der gleiche Vorname. Seit Kindheitstagen sind die beiden wie Pech und Schwefel – etwas, das ein Stück weit auch der Alm zu verdanken ist. Denn so eine Alm, die stärkt den Zusammenhalt unheimlich.

So wie beim Kranzen sitzt man oft zusammen auf der Alm. Stunden, die für Simon das Besondere am Almsommer ausmachen. „Wenn man oben ist, auf der Alm, dann verhält man sich anders. Man hat dann plötzlich dieses Gefühl, dass bestimmte Dinge einfach dazugehören und legt auf alte Sachen, auf alte Bräuche wieder viel mehr Wert. Die Alm, die erinnert dich an das einfache Leben, an das Wenige, auf das es ankommt im Leben. Und das ist schön.“ Das Beisammensein, das ist so eine Sache. Zeit, die man gemeinsam auf der Alm verbringt, ist wertvoller, intensiver, als die Zeit unten im Tal. „Denn auf der Alm, da ist es egal, wer du bist oder was du machst. Auf der Alm, da darfst du einfach nur du sein.“

Die Zeit miteinander bekommt in den Bergen eine ganz andere Qualität. Wenn man auf d‘Nacht zu den Almnachbarn schaut, von Hütte zu Hütte geht, sich gegenseitig besucht und gemeinsam Zeit verbringt. „Da feierst du kleine Festl, die bestehen vielleicht gerade mal aus zehn Leuten, aber da gibt’s so eine Gaudi, das glaubst du nicht. Geschichten aus scheinbar längst vergangenen Zeiten, die ich mir damals mit meinen Spezeln von den Eltern, den Großeltern angehört habe, die erleben wir da oben wieder, so wie damals. Das ist das echte Almleben. Das ist einfach einmalig.“

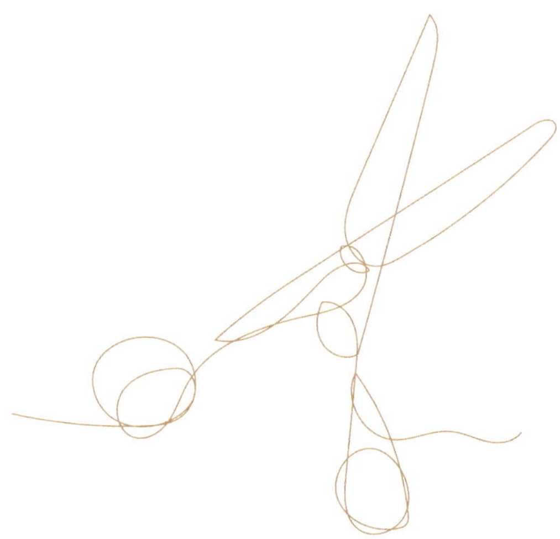

Kaiserschmarren
¼ Liter Milch, 150 Gramm Mehl, 75
flüssige Butter, 3 Dotter, 3 Eiweiß,
Butter und Vanillezucker. Das Mehl
Dottern und Milch zu einem
rührt, dann kommt die flüssige
geschlagene Schnee. In einer
den 40 Gramm Butter heiß
beiden Seiten lichtgelb
Stücke gerissen, werden
ren einige Zeit im
Vanillezucker
Kipfelschmarren
Zirka 25
Gramm Zucker
100 Gramm
eine
Zucker
die

Kaiserschmarrn

Seelenwärmer

ZUTATEN:

3 Eier
200 g Mehl
30 g Zucker
1 Pck. Vanillezucker
1 Prise Salz
2 cl Rum
Abrieb einer Bio-Zitrone
250 ml Milch
etwas Butterschmalz für die Pfanne
70 g Puderzucker
optional: Rosinen sowie Apfelmus zum Anrichten

ZUBEREITUNG:

Zunächst die Eier trennen. Anschließend das Eigelb mit Mehl, Zucker, Vanillezucker, Salz, Rum, dem Zitronenabrieb und der Milch zu einem glatten Teig verrühren.
Das Eiweiß steif schlagen und unter die Masse heben. Optional ein paar Rosinen zugeben.
Etwas Butterschmalz in einer Pfanne zerlassen und den Teig hinein geben. Bei mittlerer Hitze einige Minuten backen.
Den Teig wenden und erneut kurz backen lassen.
Dann den Teig mit Hilfe eines Kochlöffels in Stücke rupfen, mit einem Teil des Puderzuckers bestäuben und karamellisieren lassen.
Beim Anrichten den Kaiserschmarrn mit dem restlichen Puderzucker bestäuben und mit Apfelmus servieren.

Berglandwirtschaft im Tal und auf der Alm

„Man braucht sie sich nur anschauen – was wären unsere Berg ohne die Almen? Wald, Fels. Ich könnte mir das nicht vorstellen. Möchte ich ehrlich gesagt auch nicht. Die Almwirtschaft, eine Alm zu haben, das ist keine Selbstverständlichkeit, das ist ein Privileg und darauf bin ich stolz, sehr stolz. Schade ist es, um jede Alm, die aufgelassen wird, die für immer verloren ist.“ Sepp ist Almbauer in fünfter Generation, sein Hof und die dazugehörige Alm werden jedoch schon seit Jahrhunderten bewirtschaftet. Mit der Berglandwirtschaft leistet er einen entscheidenden Beitrag zum Erhalt der oberbayerischen Kulturlandschaft – auch, wenn sie wie jeder andere Beruf nicht nur schöne Seiten hat.

Seit über 1 000 Jahren wird die Wuhrsteinalm im Naturschutzgebiet am Geigelstein beweidet. Ein Erbe, das Almbauer Sepp nicht leichtfertig aufgeben möchte. „Als Landwirt lebst du dafür, den Betrieb in gutem Zustand zu erhalten und an die nächste Generation weiterzugeben. Nicht mehr und nicht weniger. Das alles, das ist nur geliehen.“ Natürlich überlegt man als junger Mensch, wohin es einen zieht, wie man seine Zukunft gestalten möchte. Doch letztendlich ist ihm die Entscheidung, den Hof zu übernehmen, nicht schwer gefallen. „Ich bin damit aufgewachsen, das ist mein Elternhaus.“ Und auch wenn manch ein Landwirt auf dem Papier wohl Millionär wäre, so hängt eben viel Verantwortung und mühsame Arbeit daran.

Fragt man ihn, warum er seinen Beruf dennoch so liebt, reicht für Sepp ein einziges Wort: Freiheit. „Ich bin mein eigener Chef. Klar, ich muss alles machen was anfällt, aber ich kann es mir frei einteilen. Ich habe zwei kleine Kinder, bin jeden Tag zuhause. Die haben hier einen wunderbaren Spielplatz inmitten der Natur, können fast überall hin mitkommen. Ich bekomme so viel mehr mit von meiner Familie. Zu einer Arbeitsstelle pendeln, das wäre verlorene Zeit für mich.“ Der Beruf mit Tier und Land ist abwechslungsreich und erfüllend. „Es gibt mir viel zurück, wenn ich sehe, dass es meinen Viechern gut geht.“

Für den Mensch viel Arbeit, für die Tiere ein Paradies. Die Jungkühe von Almbauer Sepp verbringen den Sommer in den Bergen. „Den Tieren tut das gut, die sind muskulös, wenn sie von der Alm zurück ins Tal kommen, kennen sich in der Natur aus, haben einen besonderen Überlebensinstinkt.“ Es ist immer wieder eine Freude, die Tiere nach einem langen Winter zu beobachten. Wie sie sich freuen, wenn sie wieder raus auf die Weide dürfen, frisches Gras fressen können. Der Almsommer ist für Sepp ein wichtiger Teil der gesunden Jungviehaufzucht. „Das kann man mit Geld oft nicht aufwiegen“, betont er. Deshalb kümmern sich während der Sommermonate auch Senner um die Tiere. Zum einen, weil Sepp die Arbeitslast allein nicht stemmen könnte, zum anderen, weil es dem Almbauern das wert ist. „So weiß ich, dass meine Tiere gut aufgehoben sind, dass täglich nach ihnen geschaut wird, während ich die meiste Zeit auf dem Hof im Tal arbeite.“

Wie vieles so hat sich auch die Landwirtschaft in den letzten Jahrzehnten stark verändert. Zwar ist der Beruf des Almbauers körperlich heute glücklicherweise weit weniger anstrengend, dafür nimmt die Bürokratie immer weiter zu. „Wenn ich an meinen Opa denke, der hatte drei Ordner auf dem Küchentisch, das war sein Büro“, lacht Sepp. Heute hat er einen ganzen Schrank voll Ordner – und es werden immer mehr. „Jede Zeit hat ihre schönen und ihre nicht so schönen Seiten – man muss es eben nehmen, wie es kommt.“ Wo es sich hin entwickeln wird? Wer weiß das heute schon so genau. Bis dahin macht Sepp einfach weiter. Schritt für Schritt. Tag für Tag. „Planbarkeit gibt es in der Landwirtschaft sowieso von Haus aus nicht.“ So ist es eben, das Leben und Arbeiten mit der Natur.

Geigelstein

Der Blumenberg – welch schöneren Beinamen könnte sich ein Berg wohl wünschen? Mit seinen 1 808 Metern wacht der Geigelstein über das Achen- und das Priental. Seit 2017 bildet der Berg, der für seine einzigartige Artenvielfalt bekannt ist, den Mittelpunkt der Bergsteigerdörfer Schleching und Sachrang. Die Initiative der Alpenvereine Südtirol, Deutschland, Österreich und Slowenien setzt sich für den Umweltschutz, gelebtes Brauchtum und naturnahen Tourismus inmitten einer unverfälschten alpinen Landschaft ein.

ALMA

TRIEB

Zurück ins Tal

Vordere Dalsenalm

Der mit Abstand schönste, emotionalste, aber auch anstrengendste Tag im Jahr: Für Simon ist das nicht etwa sein Geburtstag oder Weihnachten, sondern der Tag des Almabtriebs, das feierliche Ende des Almsommers. Wochenlang bereitet er sich mit vielen helfenden Händen und der großen Unterstützung seiner Familie und Freunde auf diesen besonderen Tag im Spätsommer vor. Traditionell verbringt Simon gemeinsam mit seinem besten Freund, seinen Brüdern und einigen Treibern die letzte Nacht, ehe es für alle ins Tal zurück geht, oben auf der Alm. Denn beim letzten ‚auf d'Nacht' ist noch einiges zu tun, damit am nächsten Morgen alles griffbereit steht. „Die Buschen kommen ins Halfter, die Glocken werden zusammengerichtet und alles in die Kammer gelegt." Mit jeder Stunde die verstreicht, steigt die Anspannung spürbar. Letzte, prüfende Blicke wandern über die in wochenlanger, mühsamer Handarbeit gefertigten Schmuckstücke. Ist die Arbeit getan, klingt der Abend und mit ihm der Sommer auf der Alm in stimmungsvoller Runde langsam aus. Während die anderen aufblühen, wird Simon immer stiller. Eine Achterbahn der Gefühle rauscht durch sein Innerstes. Nervosität, Anspannung, Aufregung, Vorfreude. Eine Mischung, die den sonst so gestandenen jungen Mann kaum zur Ruhe kommen lässt. „In dieser Nacht schlafe ich, wenn es gut geht, vielleicht ein, zwei Stunden. Da bin ich so aufgeregt, das ist der Wahnsinn. Brutal."

Noch in der Dunkelheit steht Simon wieder auf und richtet draußen die ersten Dinge her, während die anderen in der Hütte noch tief und fest schlafen. Ein letztes Mal für diesen Sommer genießt er ganz für sich allein die einzigartige Ruhe der Morgendämmerung auf der Alm. „Dieses Gefühl in der Früh, wenn du vor die Hütte rausgehst, die Sonne langsam aufgeht und herüber leuchtet und du das Geläute der Tiere hörst – das ist es. Das kannst du nicht einfach so beschreiben, das musst du erleben." Wenn dann die ersten Sonnenstrahlen die Almwiesen erleuchten, ist schließlich auch das Wasser heiß, das Simon zuvor aufgesetzt hat. Er richtet Kaffee und Frühstück her, lässt sich eine kleine Wanne voll Wasser laufen und bürstet noch einmal alle Glocken für ihren großen Auftritt. Nach und nach stehen auch die anderen auf, die Vorderen Dalsenalmen erwachen zum Leben. Vor den Almhütten werden die kunstvollen Buschen aufgestellt und von den ersten vorbeikommenden Besuchern bewundert. Dass Simon zu diesem

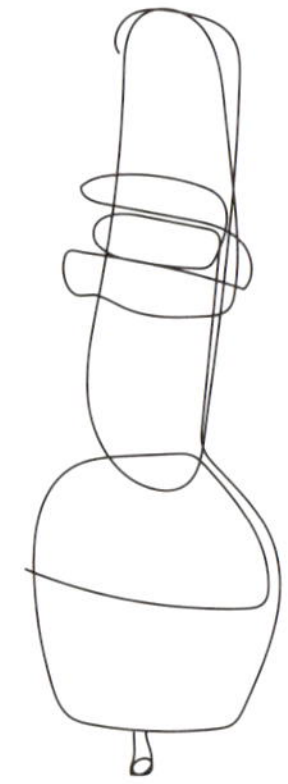

Zeitpunkt nur mit Vorsicht zu genießen ist und vor lauter Anspannung kaum reden kann, wissen mittlerweile alle. Jeder spürt, dass etwas Besonderes ansteht. Simons Ruhepol in diesen Stunden ist sein Großcousin Otto. Er ist einer der vielen helfenden Hände, einer, der Simon viel Last abnimmt. „Von ihm habe ich alles gelernt. Er war es, der mir das Kranzen und alles, was zum Almleben dazugehört, beigebracht hat." Langsam ruft Simon die Tiere zur Hütte, wo sie angebunden und die kleinen Glocken abgenommen werden. Mittlerweile sind auch die restlichen Treiber an der Alm eingetroffen. Anspannung, aber auch Freude hängen in der Luft. Die finalen Vorbereitungen stehen an. Gemeinsam mit Otto und seinem besten Freund Simon macht sich Simon derweil auf zu den anderen Almbauern der Vorderen Dalsenalmen. Drei Kaser stehen heute noch auf der Almfläche. Früher waren es einmal fast ein Dutzend. An jeder Hüttentüre wird gemeinsam ein Schnaps auf das gute Hinunterkommen getrunken und der festlichte Almschmuck bewundert. Derweil ist sich Simon sicher: „An diesem Tag würde ich bei einer ganzen Flasche Schnaps keinen Rausch zustande bringen. Der rührt nicht einmal an, so nervös bin ich." Dann geht es Schlag auf Schlag: Im Halbstundentakt treten Mensch und Tier, Kaser für Kaser von freudigen Juchzern begleitet den Weg ins Tal an. Simons Familie geht aufgrund der Ochsen meist als Letztes. „Sobald der Zweite die Viecher auslasst, geht bei uns das Kranzen an", erklärt Simon. In Zweierpartien wird das Vieh zügig geschmückt. Es herrscht Anspannung auf höchstem Niveau. „Da darf einfach nichts passieren." Wochenlange Arbeit, viel Schweiß und Mühe und eine unglaubliche Liebe zum Detail stecken in jedem einzelnen Räsein, in jedem einzelnen Buschen. „Da ist schnell mal etwas abgebrochen, die Viecher können sich in der Kette verheddern oder wer weiß was. Mein Puls erreicht in diesen zwanzig, dreißig Minuten definitiv seinen Höchststand." Es ist ein kleiner Wettlauf gegen die Zeit, denn die Tiere dürfen nicht zu ruhig werden. „Wenn die sich hinlegen, dann bringst du die so leicht nicht wieder hoch – vor allem mit dem Schmuck“, weiß Simon. Sind alle Tiere aufgekranzt, kommt Simon mit seinen Helfern noch einmal zusammen. Jeder bekommt für den Abtrieb seinen Platz zugewiesen, ein obligatorischer Schnaps aufs gute Hinunterkommen wird getrunken und schließlich noch ein Vaterunser gebetet. Traditionell werden auch die Treiber geweiht – ein Part, den auch nach vielen Jahren meist Otto übernehmen darf. Jetzt zählt es. Die ersten Meter des Almabtriebs sind für Simon die nervenaufreibendsten, denn sie sind die entscheidenden Meter. „Das Stück hinunter bis zum Weiderost ist sehr weitläufig. Auf dem ganzen Anger verteilt stehen die Treiber, um die Tiere in die richtige Richtung zu lenken.“ Die nächsten Minuten ist Simon in einem Tunnel. Sobald er seine Stellung bezogen hat, um die Tiere zu rufen, werden oben die ersten Tiere abgehängt. „Wenn jetzt etwas nicht stimmt, etwas nicht nach Plan läuft, dann werde ich würfig wie die Sau“, gesteht der junge Mann. Auf geht's! Simon zählt sofort die Tiere durch. „Sobald das letzte Vieh und der letzte Treiber über den Weiderost gegangen sind, fällt mir ein riesengroßer Stein von Herzen, das kannst du dir nicht vorstellen. Ab und zu, da drückt es mir sogar eine Träne heraus, vor lauter Freude. Da bin ich einfach so erleichtert.“ Die Anspannung der letzten Tage löst sich nun Schritt für Schritt und schwenkt um in pure Freude. Bald kommen die ersten Häuser des Dorfes in Sicht. An den Straßenrändern haben sich Freunde und Bekannte versammelt, um Mensch und Tier willkommen zu heißen. Juchzend wird unter dem Gehen miteinander angestoßen. „Das ist wirklich eine unheimliche Mischung an Gefühlen, die man an diesem Tag durchlebt. Wenn ich das prächtige Vieh neben mir gehen sehe, mit seinen wunderschönen Buschen, die Krone, das elegante und majestätische Auftre-

ten, dieses Bild ist einfach absolut überwältigend. Dennoch macht sich zur gleichen Zeit auch ein erster Anflug von Trauer breit. Trauer darüber, dass es gleich vorbei ist. Je näher wir nach Raiten kommen, steigt Stück für Stück noch einmal die Nervosität. An der Kreuzung, wenn wir ins Dorf einbiegen, da weiß ich, dass gleich Mama und Papa vor der Haustüre auf uns warten. Die beiden bekommen von den letzten Vorbereitungen und dem Aufkranzen ja nichts mit, wissen nicht, was alles passiert ist und sind mindestens genauso aufgeregt wie ich. Wenn du dann auf den Hof zugehst und die Blicke sich treffen, dann ist das ein so ergreifender, herzzerreißender Moment. Wenn du siehst, wie sehr sich Mama und Papa mit uns freuen. Da werde ich richtig emotional und könnte platzen vor Stolz. Du schaust sie an, wie sie sich in den Armen halten, und bist einfach nur überglücklich, weil alles gut gelaufen ist.“ Wenn die Tiere die Talweide erreicht haben, fällt alle Last von Simon ab und die Erleichterung macht sich breit. Freudestrahlend liegen sich Familie und Freunde in den Armen und stoßen – wie sollte es anders sein – mit einem Schnapserl darauf an, dass alles gut gegangen ist. Es wird geratscht und bewundert, über die schönsten Buschen debattiert und fotografiert. Die Tiere kommen zur Ruhe und genießen das frische Gras der Talweide. Schließlich geht es ans Abkranzen. „Wenn man sich die Glocken über die Schulter wirft und die abgeschnittenen Buschen von der Weide trägt – das ist wie ein letzter, kleiner Abschied vom Almsommer“, sagt Simon ein wenig traurig. „Schön war's.“ Als Erinnerung bekommt jeder Treiber einen kleinen Buschen, die älteren Verwandten werden mit einem Kranzerl bedacht, für die Kinder wird der Wipfelbaum zusammengebrochen, die Kreuze kommen später an die Gräber. Die schönsten Buschen aber, die werden im Haus zur Schau gestellt – als Zeichen für den wunderbar gelungenen Almsommer. Viel Zeit für Wehmut bleibt direkt nach der Ankunft im Tal allerdings nicht. Denn der geglückte Almabtrieb will ordentlich gefeiert werden. Und das ganze Dorf feiert mit. Bis tief in die Nacht wird gejubelt, getanzt und gelacht.

ALM

Über die Autorinnen

Kerstin Riemer

Kerstin Elisabeth Riemer (Jahrgang 1990) kombiniert ihre Begeisterung für das Schreiben schon immer gerne mit ihrer Leidenschaft für schöne Dinge, Genuss und Reisen. Mit ‚Glücksorte in Oberfranken' hat sie sich den Traum vom ersten eigenen Buch erfüllt. Seitdem ist sie als freiberufliche Autorin rund um ihre Heimat Oberfranken sowie ihre Wahlheimat Chiemgau tätig. Kerstin Elisabeth Riemer lebt mit ihrer Familie in einem kleinen Dorf am Fuße der Chiemgauer Alpen.

Carina Pilz

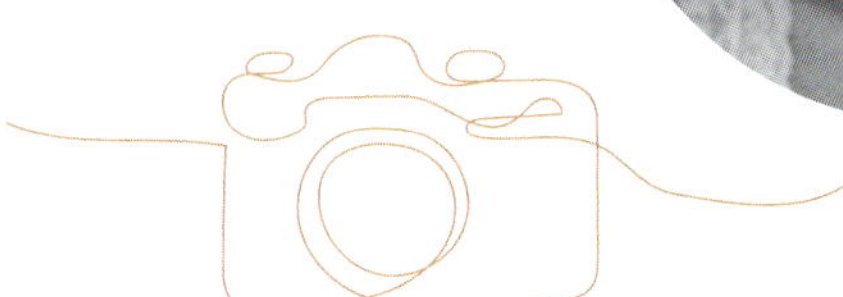

Carina Pilz (Jahrgang 1994) ist selbstständige und freiberufliche Porträt- und Reportagefotografin aus München und dem Chiemgau mit Fokus auf authentischen und nahen Fotoreportagen, Porträts und Reisegeschichten. Die Kamera ist für sie die Eintrittskarte um Menschen kennenzulernen, Geschichten zu erfahren und Freude und Positivität durch Fotos zu verbreiten. 2021 durfte sie am Kochbuch ‚Farmmade – Rezepte & Geschichten vom Leben auf dem Land' mitwirken.

Dir hat das Buch gefallen?

Wir freuen uns sehr, dass du unser Buch bis zu dieser Stelle gelesen hast. Wenn es dir gefallen hat, wäre es toll, wenn du ihm bei dem Online-Shop eine Bewertung gibst, bei dem du bestellt hast. Oder du schreibst bei einem deiner Lieblings-Buchportale eine Rezension.

Es ist nicht nur sehr schön, Meinungen zu unserem Buch zu lesen. Außerdem hilft es uns auch dabei, weitere Bücher zu schreiben und neue Leser für unsere Bücher zu finden.

KAMPENWAND
VERLAG